漫畫

COMICS

幸福について（まんが学術文庫）

叔本華的幸福論

一堂慾望與痛苦的思辨課，孤獨是成就幸福的必備本事！

Teamバンミカス、伊佐義勇——著
蔡昭儀——譯

主要登場人物
幸福論
威廉・葛維納
叔本華的學生，無論老師懷才不遇或是聲名遠播，始終景仰著叔本華。
阿圖爾・叔本華
生於德意志帝國的哲學家。思想與佛教相近，精通印度哲學，影響後世眾多哲學家、文學家、思想家。主要著作有《作為意志與表象的世界》。在其「幸福論」中，對人生在世的「幸福」擁有深入洞察。
海因里西・弗洛里斯・叔本華
叔本華的父親。是個富裕的商人，為了培養阿圖爾經商，對其施與嚴格的教育。
約翰娜・叔本華
叔本華的母親，亦是當時的流行作家，個性奔放，對人格成長期的阿圖爾有很大的影響。

叔本華的

黑格爾

叔本華的對手。同為當代的偉大哲學家，卻獲得普世廣大的支持。

伊麗莎白・納伊

企圖自殺時因叔本華勸說而得救的年輕女子，立志成為雕刻家。雖有諸多煩惱，但天性開朗。後來意外成為叔本華的傳道者。

歌德

因約翰娜・叔本華與阿圖爾結識。在叔本華心目中猶如父親一般，並為獲得其讚賞而發奮努力。

〈主要參考文獻〉
《幸福について—人生論》／叔本華／橋本文夫 譯／新潮文庫
《幸福について》／叔本華／鈴木芳子譯／光文社古典新譯文庫
《ショーペンハウアー哲学の荒れ狂った時代の一つの伝記》／盧迪加・薩弗朗斯基／法政大學出版局
《ショーペンハウアー 生涯と思想 ショーペンハウアー全集 別巻》／白水社

1873年
美國德克薩斯州
話說人生，自古以來賢者的說法都大同小異……
而愚者也是，任何時代都一樣……總是與賢者正好相反。
叔本華對「幸福」是這麼說的……

「追求幸福很難——

但是，可以想辦法讓
生活盡量快樂！」

微笑
伊莉莎白・納伊
雕刻家
嗯嗯嗯，這句話真是耐人尋味啊，願聞其詳……

人，有三個根本——人是什麼？人有什麼？人在他人眼中是什麼？而幸福，就藏在其中最重要的因子，也就是一個人的「人格」之中。原因就在於，人格不會被命運左右，也不可能被奪走……

【第一章】
人的三個根本

1850年3月
德國・法蘭克福
鬱悶啊……！
颯
颯
今天的天氣很適合登山……
對吧，威爾多蓋斯特?!
颯
颯
出版公司
Block House
呃……您是問書賣得怎麼樣嗎？
全部絕版……
絕版了呀！

這些傢伙，竟然將我的書絕版……
他們真是好大的膽子！
不過，別以為我會這麼簡單就退縮……
我可沒那麼好打發唷，Block House……憂鬱就是我的精力來源啊！
阿圖爾·叔本華
62歲

抖
抖
抖
抖

颯
颯
這是怎麼了?!
小姑娘要自殺啊?
這可不能見死不救……
抖
抖
不要管我!

妳看起來很傷心呢……一定是發生了令妳痛苦不已的事吧?!
是啊……人活在這個世界上只有痛苦啊!
不過──
尋死也不一定就能一了百了唷……
!?

要不要……
跟我約會一下啊？
無力
嗚嗚嗚
呃嗚……
嗚嗚嗚嗚……
我原本想成為雕刻家，但是……但是我根本……連活下去的價值……
3小時後……
叨叨絮絮
滔滔不絕
叨叨絮絮

嗯……
原來如此……
喋喋不休
叨叨絮絮
妳心裡面的苦，我是不清楚……
但是，如果死在這裡就太可惜了呀……
因為妳明明擁有——得到幸福的天分啊！
什麼？
妳要自殺我是管不著，但不妨先聽我說說……
我的名字叫做叔本華！
這裡太冷了，跟我回家吃點東西，再一邊聽我說吧！

呃……好！
那就來吧！
颯
這個人……
跟我素昧平生，卻願意聽我訴說心事……
這個傻姑娘～!!雞毛蒜皮說個沒完……真是要了我的命！
哼！看我怎麼調教妳，好幫我推銷書……來抵銷這筆帳！

叮咚
開
老爺您回來啦！
妳一定很餓了吧，多吃點……
非常感謝您！我開動囉！
嚼
嚼
塞
塞
!!

妳還真能吃啊……
嚼
嚼
塞
塞
這小妞，是不打算讓我說話了啊……
啊哈哈哈哈……很好很好!!
能吃就是福，證明妳很健康啊！
所以我說，妳有實現幸福人生的天分啊。
不過……我這老人已經想睡了。
嚼…
明天再說吧……
妳今天就在這住一晚。
欸……可以嗎？那我就恭敬不如從命了。

擦
擦
我……還活著啊！
擦
擦
蛤……冰水擦身!?
擦
擦
好冷！
抖
當真嗎？那個人……
咦？

早安！
活著真好吧？
真是一個美好的早晨啊！
哇
磨
磨
磨
偷看
到這邊來喝杯咖啡，我跟妳說說……
嘶
嘶
嘶
嘶

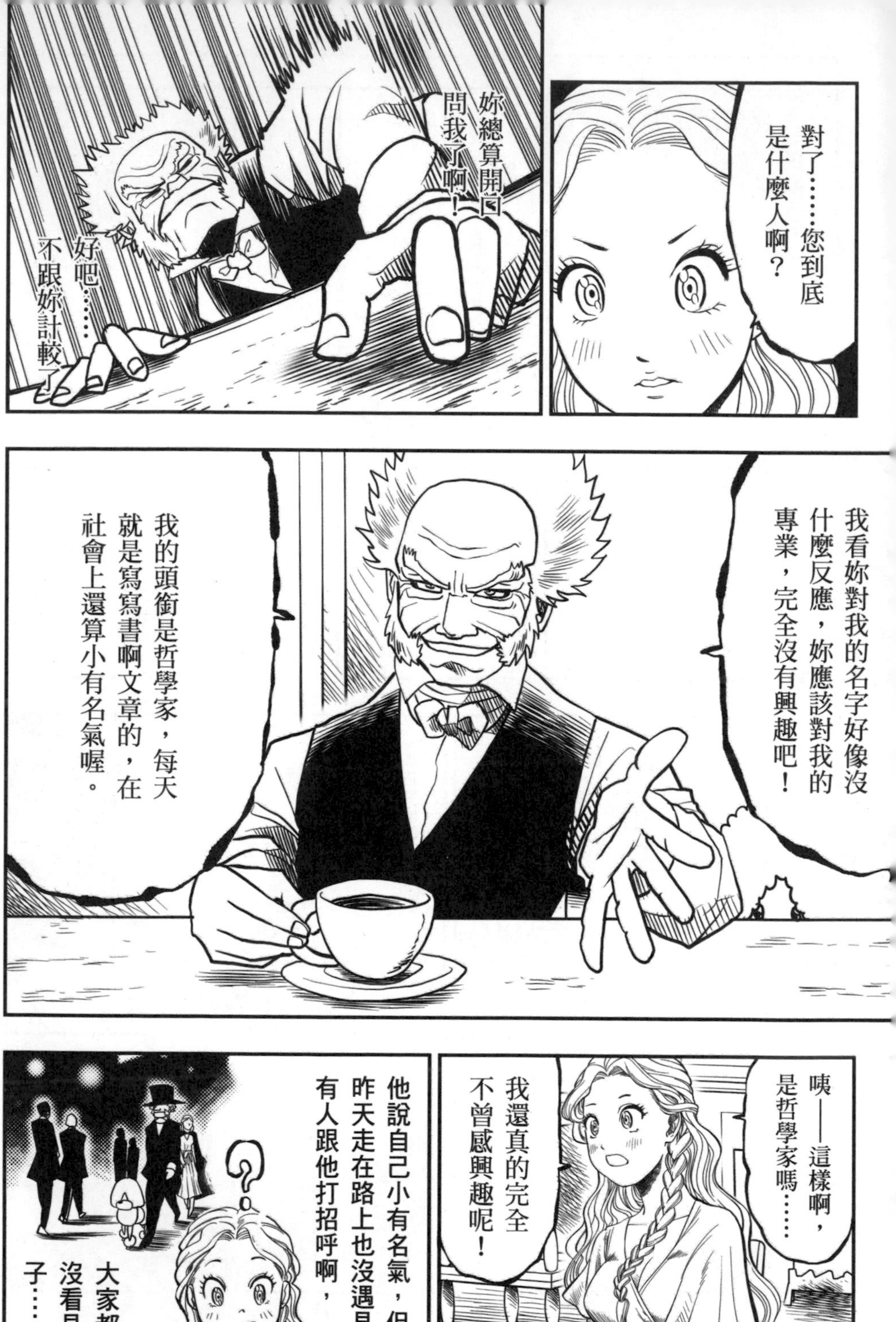
對了……您到底是什麼人啊？
妳總算開口問我了啊！
好吧……不跟妳計較了
我看妳對我的名字好像沒什麼反應，妳應該對我的專業，完全沒有興趣吧！
我的頭銜是哲學家，每天就是寫寫書啊文章的，在社會上還算小有名氣喔。
咦——這樣啊，是哲學家嗎……
我還真的完全不曾感興趣呢！
他說自己小有名氣，但是昨天走在路上也沒遇見有人跟他打招呼啊，
大家都裝作沒看見的樣子……
？

妳昨天說妳「不值得活下去，又怨恨自己的命運……曾經希望成為藝術家……」
另外還說了許多事……
不過，在妳說的話當中，有得到幸福的要素喔！
我有得到幸福的要素？
那就是藝術！妳應該要努力成為雕刻家才對。
呃……可是我的父母絕對不會答應的！
不要管別人怎麼說！

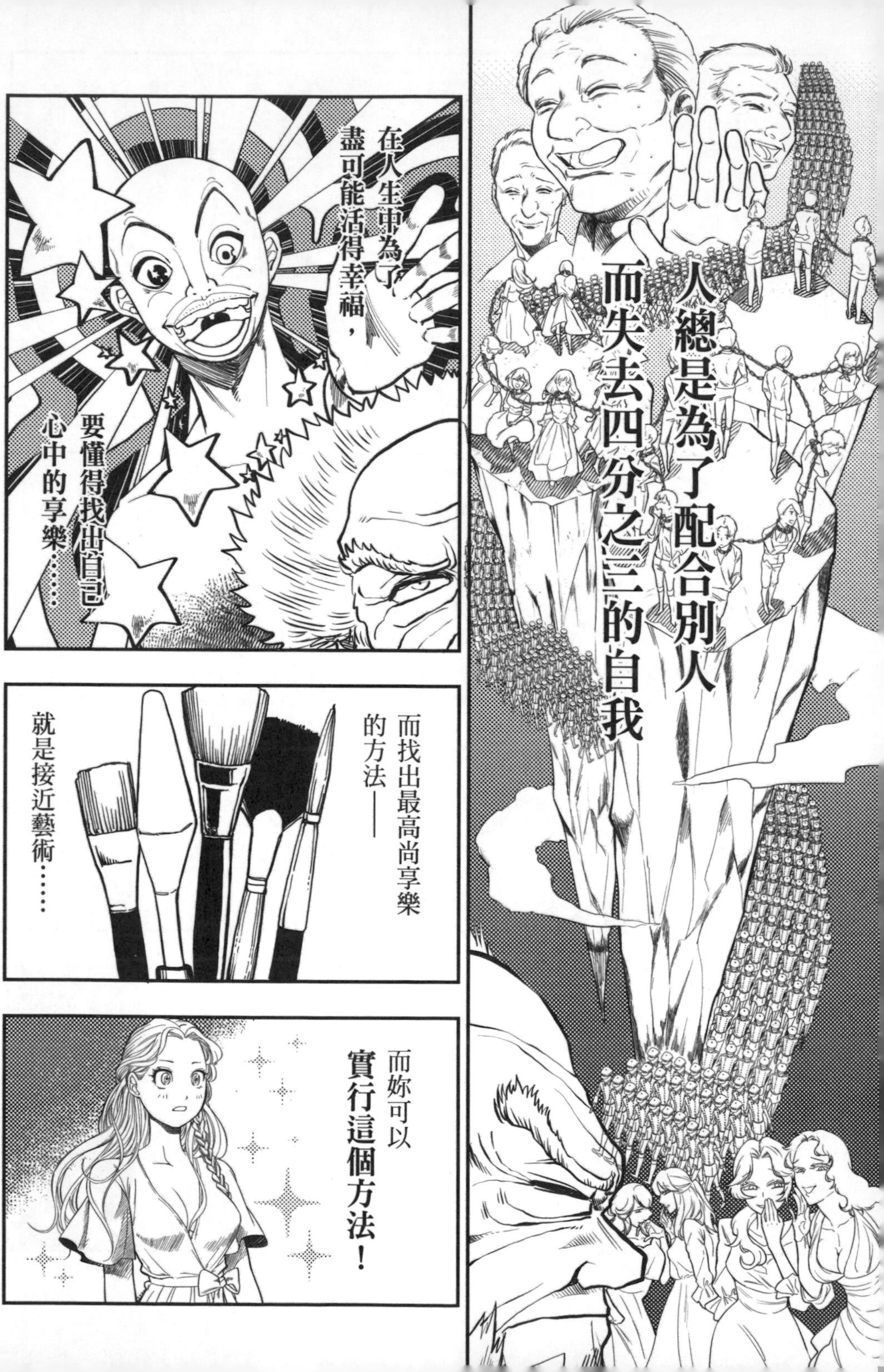
人總是為了配合別人
而失去四分之三的自我
在人生中為了
盡可能活得幸福，
要懂得找出自己
心中的享樂……
而找出最高尚享樂
的方法——
就是接近藝術……
而妳可以
實行這個方法！

但是……我對自己的作品並沒有自信，
比我厲害的人那麼多……
無論種類如何，能心無旁騖地發揮自己的專長——
才是至高無上的幸福！
最大的幸福存乎於自己內心的人……
對外部的享樂會毫無興趣！
所以，他會孤獨地生活！
不要管別人，要更加關注自己，
如此一來，才有屬於妳的幸福。

我感覺好多了……
但是您對我的作品程度一無所知，怎麼能說得這麼肯定呢？
這小姑娘真令人惱火……

因為妳完全具備天才的素質！
首先——
①妳很活潑坐不住
②有強烈的想像力
③在現實生活中有明顯的弱點
④觀察細微
⑤靈感敏銳
⑥對數學有強烈的排斥感

最後一個——
⑦妳還有癲狂的氣質
天才的素質簡直達到100分！
呃……!?我怎麼覺得
這是在損我……
哈哈哈哈哈哈哈哈
我可是在稱讚妳啊，不要胡思亂想了好嗎。
還有……
閃
接下來，我要說的話……
是人生智慧的重要指針，
妳得仔細聽好了……
人——
有三個根本！

〈人的三個根本〉
①人是什麼？
最廣義的解釋，就是人品、人格、個性、人性，
還有健康、力量、美感、氣質、品德、知性，
此外也包括磨練這些要素。

②人有什麼？
意指具備任何意義的所有物與財產。

③人在他人眼中是什麼？
也就是一個人在別人眼中的樣子。

這三項根本中妳覺得——最大的「幸福」是來自於哪一個？
所有物與財產!!
我就知道……但最重要的要素是①一個人的「人格」！
只有「人格」不會為人所冒犯，
隨時存在於人生中！
每個人各有不同的性格和個性，這些要素一生都不會改變，而且都有一種行動的習慣和原理……

思考或情緒影響著一切欲念，
潛藏在每個人的精髓之中……
聰明的人清楚自己的「人格」，
知道自己想做的事。
也知道自己的能力和極限。
為了自身的幸福……
更懂得怎麼做是
最好的！

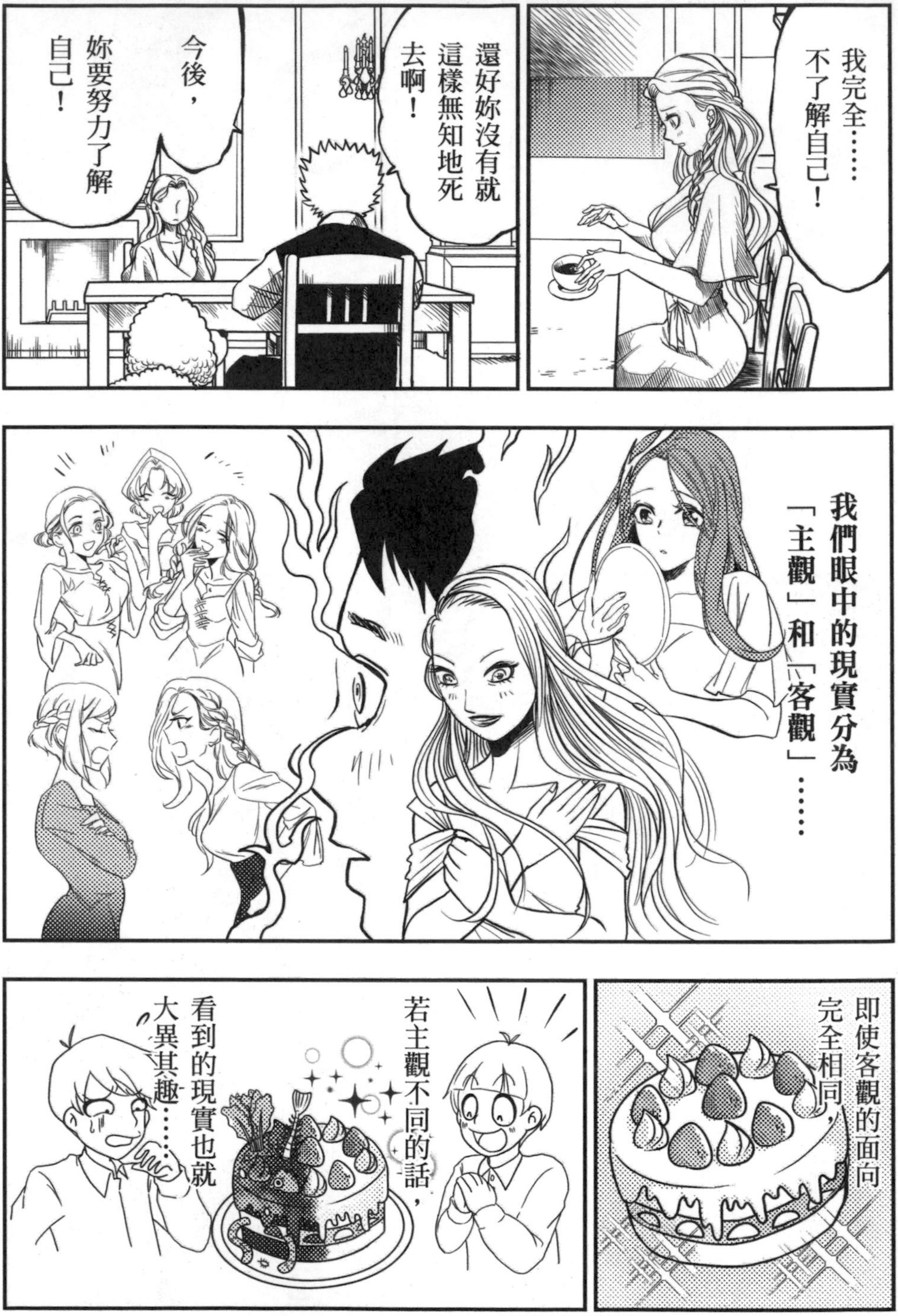
我完全……不了解自己！
還好妳沒有就這樣無知地死去啊！
今後，妳要努力了解自己！
我們眼中的現實分為「主觀」和「客觀」……
即使客觀的面向完全相同，
若主觀不同的話，
看到的現實也就大異其趣……

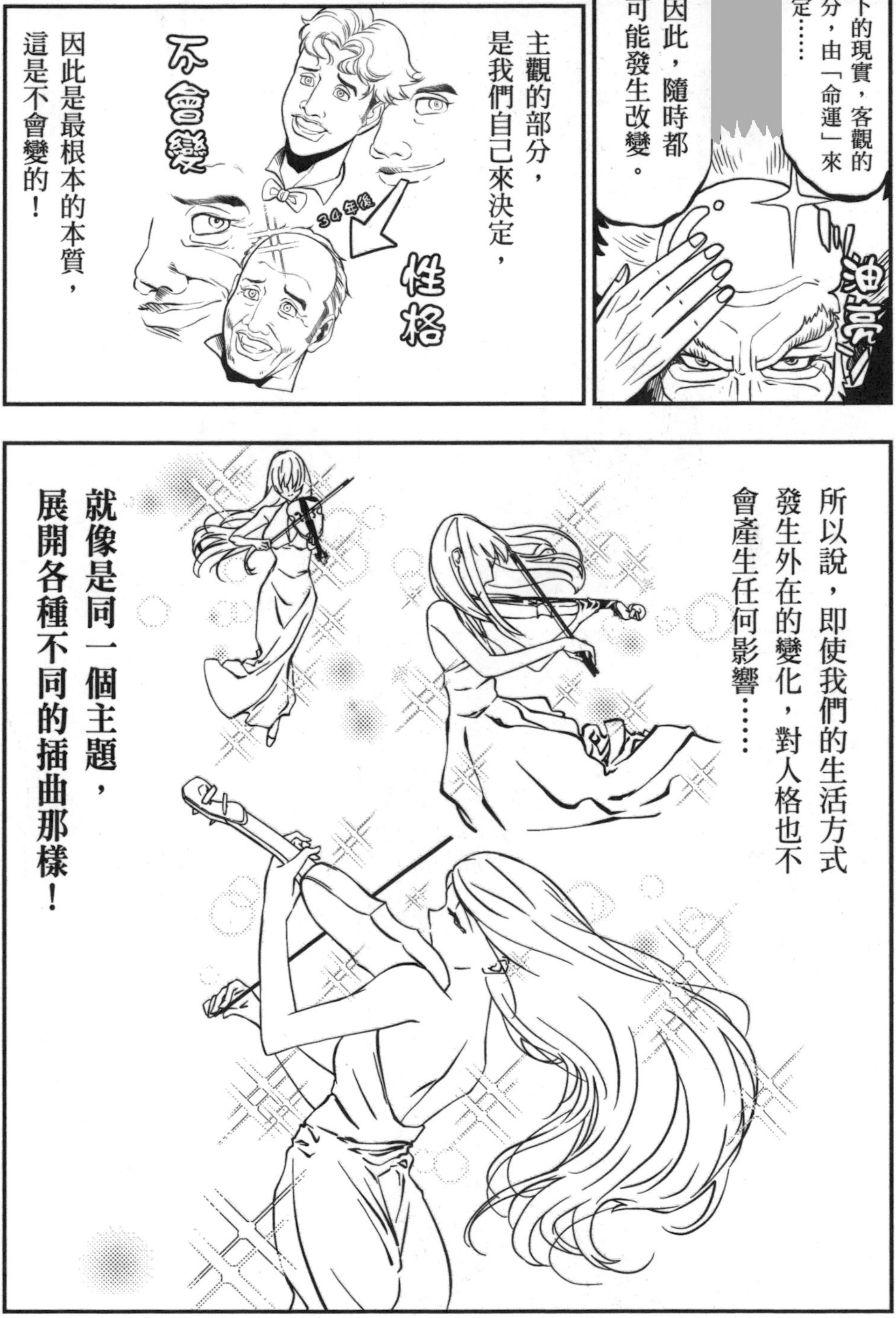
當下的現實，客觀的部分，由「命運」來決定……
因此，隨時都可能發生改變。
油亮
主觀的部分，是我們自己來決定，
性格
34年後
不會變
因此是最根本的本質，這是不會變的！
所以說，即使我們的生活方式發生外在的變化，對人格也不會產生任何影響……
就像是同一個主題，展開各種不同的插曲那樣！

呃？
聽不懂！
我再舉一個更簡單的例子……
頭腦清晰的人，觀察現實的鏡頭是乾淨透明的，世上萬物既豐富又耐人尋味……
反之若不是那樣的人，觀察世界的鏡頭就不會太好。
美麗的風景，他也會看成烏雲密布、風雨欲來……眼裡盡是不好的一面，只覺得現況是惡劣的。
……

我們眼中看到的現實，
是客觀的現實……
而我們的感覺中，
卻是主觀的現實……
人的幸與不幸，
其實是主觀的影響！
就像我們想要改善客觀的現實，
但對於主觀的現實也應該要努力去改變。

幸福與否是取決於
我們自己的態度，
換句話說——
人格是最重要的！
說得更簡單一點……
人格不會被命運左右，
也不可能被奪走！
也就是說——
②一個人擁有的東西
③一個人給人的印象
這兩樣的價值
只不過是相對的！
①一個人的本質
才有絕對的價值！

人的本質中，最具代表性的例子就是健康的身體，還有最重要的開朗心胸……
而打算尋死的我……
是最稱不上開朗的吧？
不！
我能感受到妳內心最深處是十分開朗的唷……
啊！一不注意就講得太艱深了，稍微休息一下吧。
起身
我想吹吹笛子！

汪
啊啊！
這個人好隨興啊！
原來人可以活得這麼自在……
握拳
我已經下定決心要成為一個雕刻家！
因為我是自由的!!

說得好！那妳就要有一頭埋進孤獨中的覺悟……
妳要愛上孤獨！
只有不愛自由的人……
才會不愛孤獨！
因為——唯有孤獨的時間，人才是最自由的！
啪！
我懂了！

鞠躬
噠噠噠噠
耐不住孤獨的人喜歡社交，就會無端增加許多煩惱……
年輕人必須要經過忍耐孤獨的修行。
……唉唉，累死我了！
不知道她以後會不會客死異鄉……讓人有點擔心啊！
不過，還是希望她能成為替我宣傳的最佳樣板……

4個月後——
這是我花了6年時間撰寫的《附錄與補遺》。
新……新作!?
……您真是不屈不撓啊!
這本著作可是與我過去寫的書有天壤之別……
這是針對一般大眾講述的哲學!
嚴肅
可以預防那種會攻擊年老雙親、自毀名聲的蠢孩子出現!
呃……這賣得出去嗎?

那個時候——
老師已經63歲了！
這本——
「對普世的哲學」，
成了他的轉機……

你最近有沒有什麼難過的事呢？
沒……呃……最近有點便祕吧！
嘿嘿嘿～
……你很有福氣喔！
蛤……你在說什麼？
叔本華說的啊！

〈幸福該怎麼衡量？〉」
「聰明的人追求的不是快樂，而是沒有痛苦」，這才是處世的最高命題！
啪
人一生的幸福不是取決於有多快樂，
而是由避開多少災難來判斷……
哈哈哈哈
評估一個人是否幸福，
不是問什麼讓他快樂，
而是看什麼讓他悲傷……

假如悲傷的事越微不足道，
他的幸福度就越高！
格言①
可以做自己擅長
或喜歡的事就是幸福。
格言②
要對自己的
遭遇感興趣。
ぬっ
格言③
珍惜現在，
無欲無求。

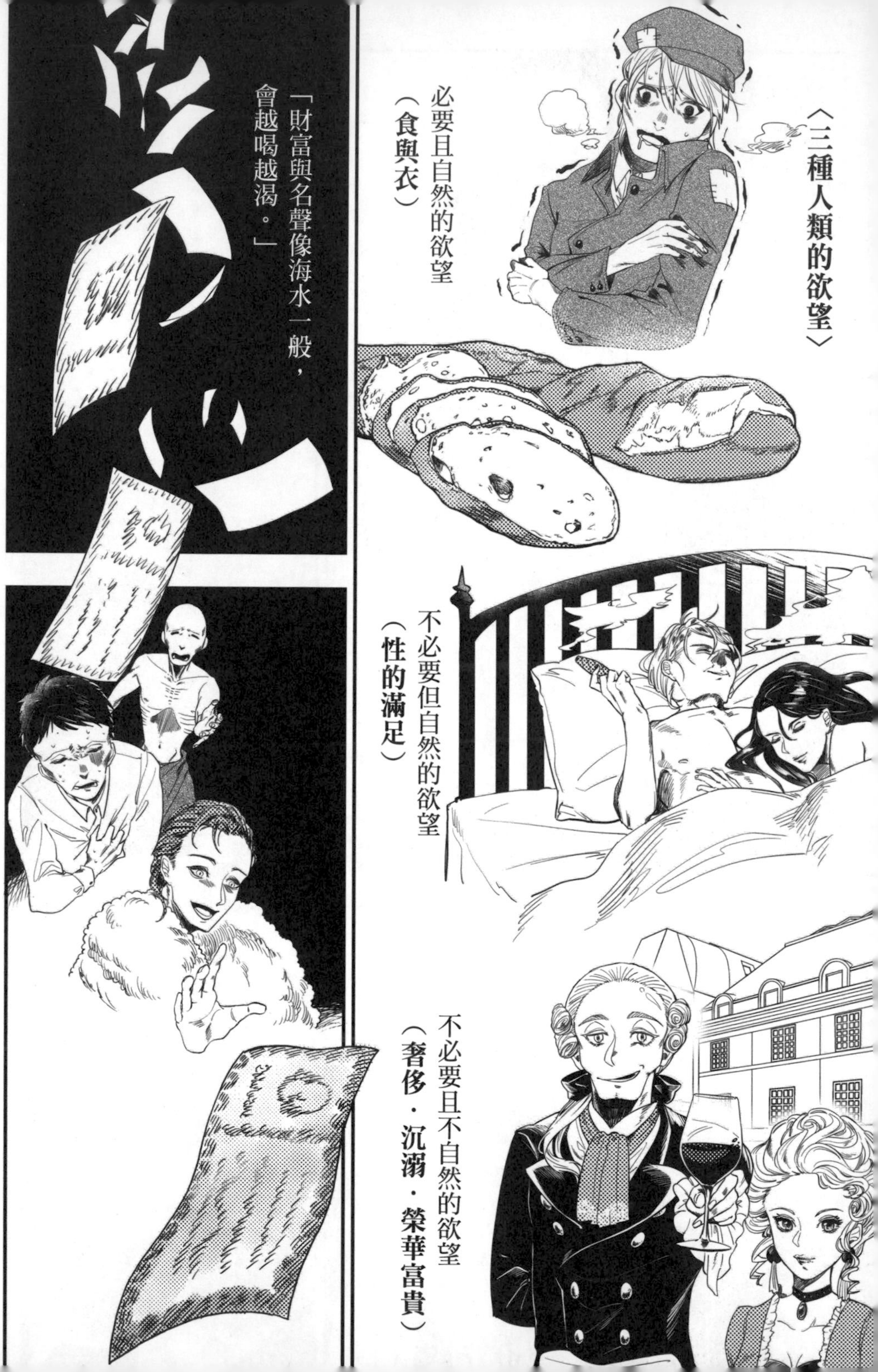
〈三種人類的欲望〉
必要且自然的欲望
（食與衣）
不必要但自然的欲望
（性的滿足）
不必要且不自然的欲望
（奢侈・沉溺・榮華富貴）
「財富與名聲像海水一般，
會越喝越渴。」

〈友情是什麼？〉
「當看到最好的朋友苦惱，會有一種說不出的感覺……似有若無的感覺。」
向朋友訴說自己的不幸，看看他的表情！
所謂的「真摯友情」都是人們瞎編來的，現實中根本不存在！
敵人的指責是苦口良藥，因為他們會毫不隱瞞地說出我們的弱點，正好使我們更加了解自己。
〈日記很有用〉
頭腦中滿滿的知識卻沒有經驗，就像是一本充滿注解的書。
換句話說，就是這麼回事！
呃……!? 不過我沒有經驗。
只有經驗卻沒有知識，就像研讀艱深的古文，讓人不知該如何讀起。
我做過這個也做過那個……
可是我不知道該怎麼跟你說明啊！

均衡地充實知識和經驗，每晚睡前好好地回顧這一天……
寫寫寫寫
「日記」是非常有用的工具！
以上這些……都是叔本華寫的啊！
你最近有發生什麼難過的事嗎？
我——只剩半年可活了。
……

老師一生都懷才不遇，
卻長年讚揚自己，
最後終於能獲得外界的
讚揚，這也是因為……

普世哲學的《人生智慧箴言》
他不僅喚醒人們對哲學的關心，
也得到各界對他的關注！

1859年3月
法蘭克福市區
嘩
嘩
嘩
是叔本華!
老師好!!

之前您絕版的著作，我們決定要再版了！
《人生智慧箴言》和《作為意志和表象的世界》也大獲好評!!
趁著這股熱潮趕緊出版新作品吧！
哈哈哈哈哈哈哈哈哈哈
哼……態度變得真快！

今天午餐就到英吉利亭去吃吧，威爾多蓋斯特。
人聲
嘈雜
嘈雜
嘈雜
嘈雜
是叔本華本人耶！
好有威嚴喔！
好時髦的髮型啊！
明天我也要去剪個一樣的髮型！
好多人啊！老師您也成為時代的寵兒了！
威廉・葛維納
60歲

我的名聲實在讓我覺得很奇妙……
我想你也曾經看過——
在全暗的劇場裡，當布幕拉上去時，
負責點燈的人還留在舞台上，
急急忙忙地跑回後台……
我覺得現在的自己，
就像是那個布幕已經拉起……
卻還獨自留在舞台的人。

不不不……您絕對值得大家的讚美！
您應該對這個情況很傷腦筋吧?!
哈哈哈哈哈是吧!!
一切都來得太遲啊!!
人們總算可以從我這裡……
學到一些非常重要的事了！

原……原來如此啊！
老師的幸福論，每個人都有不同的解讀，他的哲學是否有真理……
只要知道他的真心話就能清楚了解了。

HUMBO
!?……您現在說的又更有意思了！
請告訴我們！
接著我就談談年輕時代的叔本華……
與他偉大的對手——黑格爾的辯論吧！

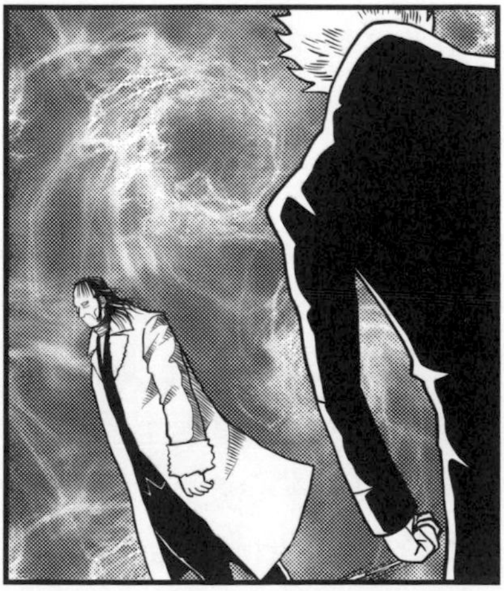

人是很難改變的，人與人之間的摩擦只是徒增莫大的壓力。現實是殘酷的，生活在人類社會，要誠實但不要輕易對別人說出自己的本心；不必掏盡所知，但訴說時務必要融會貫通……

【第二章】人的性質與命運

時代終於追上老師您的腳步了呀！
嘩
嘩
真希望死去的黑格爾也能看到這一幕……
1820年
柏林大學
嘩
嘩
我們最大的喜悅是獲得人們的稱頌，
但就算人們有許多讚美的理由，他們卻不想說出來……
哼
呵呵呵，這讓我想起從前……

幸福的人就是——
無論在什麼形態下，
都能夠讚美自己的人！

只是不受他人迷惑而已……

我的代表作——博士論文《作為意志與表象的世界》獲得肯定！
受聘到柏林大學擔任哲學講師，我對自己的哲學充滿自信，完全沒有絲毫的懷疑——
葛維納　20歲
叔本華　32歲
黑格爾　50歲
與這個大學的正教授，象徵時代精神的黑格爾正面對決!!

今天的課就講到這邊，
明天再見！
嘩
嘩
掌聲
啊
啊
掌聲
啊
掌聲
掌聲
嘩
嘩

今天黑格爾教授的課也相當精彩啊!!
我每次都有新的體悟!
喂~你們看!
隔壁那個冒牌教授，竟然還在講課耶!
好像還是教那套一成不變的灰暗題材，
哈哈哈哈……
那些笨蛋!
老師的哲學可比黑格爾先進多了呀……
我去跟他們說!!

別管他們了，沒用的！
跟愚者說話就像是對著睡著的人說話，他們聽完了還是要問……
「你剛剛說了什麼？」
哈哈哈哈哈哈沒錯!!
看他們的臉就知道說什麼都沒用啊……

每個人的臉上都能看出他們的歷史……
你仔細看黑格爾的面相與酒館裡的老頭並沒什麼兩樣，
只要自然地看著他，就能看見他的臉上清楚寫著「凡人」啊！
凡人!!
哇哈哈哈真的耶!!
黑格爾的哲學堪稱是愚化大腦的手段，
學生每天聽他那些似是而非的東西，根本是加速白癡化……那可是很難矯正的唷！

但就算是這種情況……我們也放任不管嗎？
不——默許這種情況就跟犯罪沒有兩樣……
我們必須不斷向大學的高層反應才行！
要伺機而動，堅決對抗這種惡性影響……
所有具備自我思考、自我判斷能力的人都有這個義務！

老師……我完全理解您的想法……
但是跟黑格爾和大學高層作對的話，您的立場不是會更艱難嗎？
不要怕！
如果連我們都沉默的話還有誰能發言呢!?
……!!
我一定站在您這一邊，老師!!
但是……如果只是大學那還好辦，連各大報社也都是「時代精神黑格爾一派」，最近更是以貶義批評老師您是悲觀主義哲學……這很棘手啊……

人都容不下超乎自己的事物，
只能理解與掌握與自己智力或能力相當的人……
而且也只懂得評判與自己同性質的東西。
別人總是在背後酸言酸語，再了不起的人都會遭受批評……
只要想到這一層，就不會去在意別人要怎麼想了。
您說的我都懂，但是老師……您也不要太勉強啊！
哈哈哈哈……

我一定會奮發向上……
總有一天我要向大家證明您的哲學是何等偉大！
嗯……期待有那麼一天。
……

呃!!
不行不行，我分心了！
威廉・葛維納的長相雖然不怎麼樣，卻非常開朗樂觀，是叔本華哲學中「人格」的參考案例。
他看起來個性似乎很開朗，但其實他經歷過悲慘遭遇。
年紀輕輕就已經受盡磨難……
這麼說應該不過分吧……

他的遭遇任誰聽了
都會覺得同情
幼年時正逢
拿破崙戰爭
他親眼目睹父母
遇害身亡
與妹妹一起度過
收容所的艱苦生活，
15歲時來到柏林
不料妹妹竟染上
黑死病而死去
他自己也因傳染病
導致右眼失明
卻還是克服萬難
自學考上柏林大學
成為我的學生……

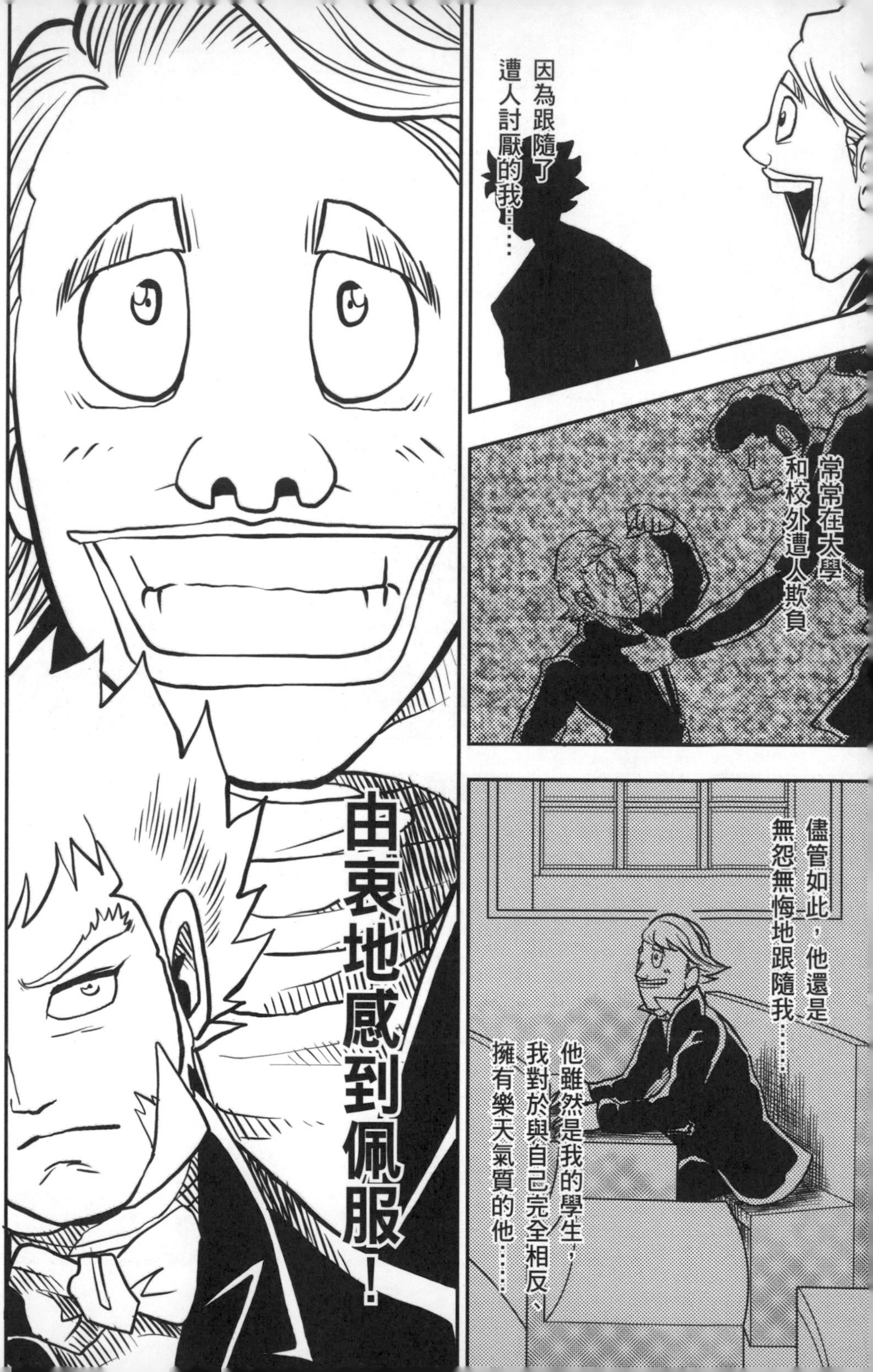
因為跟隨了
遭人討厭的我……
常常在大學
和校外遭人欺負
儘管如此，他還是
無怨無悔地跟隨我……
他雖然是我的學生，
我對於與自己完全相反、
擁有樂天氣質的他……
由衷地感到佩服！

柏林大學入學說明會

黑格爾先生的周圍都是了不起的人……
這真是我們大學的榮幸！
希望叔本華先生這邊的學生也會慢慢增加啊……哈哈哈哈哈！

……
……
黑格爾先生應該會成為下一任校長，趁著這難得的機會，還請以前輩的身分……
給叔本華先生一些可以吸引年輕學子的建議好嗎？

不好意思！
選我課的學生，應該都具備了獨立思考的能力……
只要在入學說明會上清楚傳達我的教學方針，下年度的選課人數一定會增加！
……
容我說一句！

身為大學教師，若想推廣自己的教學方針……
應該要多思考一下社會性，用順應時代的語言來訴求比較好吧。
哈哈哈哈哈……兩位還真是互不相讓呢！
如此切磋琢磨，我們大學一定能大展鴻圖啊！

結果隔年兩人的學生人數還是天差地別

黑格爾的選課人數又變得更多了！
我的選課人數，結果只有葛維納和三個新加入的學生而已……

柏林大學的
講師時代——
根本白忙一場！

我挑戰以黑格爾為中心的現代哲學
想要「扳回一城」
自信滿滿地以為
可以改變時代
卻落得一敗塗地!

搖搖
晃晃
我要見卡洛琳！
讓我見見她……
卡洛琳!!
連交往幾年的情人
也離我而去……
轉頭
又與鄰居發生糾紛，
鬧上法庭、纏訟了好久……

老師！
您怎麼了？
搖搖
晃晃
您聽得見我嗎？老師!!
嗯啊……怎麼了，你說了什麼嗎？
在多重壓力下，我患了聽覺障礙。
只好放下講師工作專心養病……
咳咳
咳咳
喘喘
喘喘

咳 咳
老師……
嗚——哇啊啊!!
咳 咳
我和黑格爾的那幫人起了口角，結果弄成這副模樣，呵呵呵……
呵呵呵呵
你不要緊吧？葛維納!!
牙齒被打掉幾顆，臉變成這樣，很好笑吧……
哈哈哈哈哈哈哈哈
……
都這麼慘了，你怎麼還能笑得這麼開懷!?
我連這孩子都比不上……
難道這就是我的命運嗎……
可惡!

這位是哲學教授
——叔本華！
我的意識全被別人的思想
名譽和地位所佔據
這才發現自己變成一個
只會批評黑格爾的人渣
如今還落得……連學
生都令我忌妒的下場
呵呵呵呵呵

他完全走偏了呀……
這樣下去，他的學者
生涯也算泡湯了呢！
……
離開柏林吧！
總有一天，
真正需要我的
日子終會到來吧?!
我要一直忍住
孤獨……

忌妒心是人與生俱來的……
而且是不幸的源頭。
我們一定要消滅這個惡魔！
塞內卡*曾經這麼說：
「我們要慶幸不與他人比較，那些因嚮往超乎自己幸福而苦的人，絕對無法得到幸福……
如果介意有人超越自己，不妨想想還有許多人落在自己之後。」
與其羨慕比自己優渥的人，不如關注那些貧苦之人！

*古羅馬時代斯多葛學派哲學家。

滔滔不絕
滔滔不絕
哦！
憤怒或憎恨溢於言表是——
無益
危險
愚蠢
可笑
低級
這傢伙以為他是誰啊！
真不爽！
你是要失敗幾次才甘心啊？沒用的東西！
對不起，都怪我沒出息……
現在定要忍耐……
裝作沒看到
你這個混蛋
人是很難改變的，人與人之間的摩擦只是徒增莫大的壓力，所以要盡可能遠離令自己感覺壓力的人。
老師所言甚是……真的就是這樣！
走吧！吃飽了，我們回去吧！
好的！

嘩
嘩
哦
老師!!我想問您一個問題……
為什麼您總是帶著這隻狗呢？
因為啊——
如果沒有這隻狗，我寧願去死。
說完了！
汪
☆

哦哦哦哦哦哦哦哦哦哦哦
鞠躬
謝謝您！
嘶——!..
嘶——!..
阿圖爾……
嘶——!..

阿圖爾……
這裡是……？
嚇
爸爸!?
坐在書桌前的時候姿勢端正！
只有鞋匠和裁縫才會彎腰駝背……懂嗎？阿圖爾！

我的父親是一名成功的商人，跟著他讓我學到勇氣和冷靜，而這身冷酷無情和自戀，也是來自父親的遺傳……
我心中原本應該要發揚光大的熱情，
呃……！媽媽……
卻被母親約翰娜給壓抑下來……
「帶孩子根本就是犧牲自己的生活」
母親感覺孩子彷彿是人生的枷鎖……
人類最原始的母愛，我一點也沒有接受到！

13歲時……
我要成為學者！
爸爸，求求您！我想研究學問，請讓我上中學！
你要成為商人！放棄上中學的話，我就帶你環遊歐洲……
如何?!你怎麼選擇？

環遊歐洲的誘惑實在難以抗拒，
但壯遊之中映入少年眼簾的竟是……
拿破崙戰爭造成的廢墟，以及——
慘不忍睹的國土和貧農、失業者。

世界是神創造的嗎？
不對，不是神……
是惡魔！
惡魔是為了看到人類的不幸，
才會不懷好意地創造這個世界
來尋開心……

某天早晨我爬到附近的山丘上……
在高處看到的日出
並沒有想像中閃耀，
反而顯得虛幻無力……
而腳下的世界
仍是一片黑夜

哇啊啊啊啊
……
嗚啊啊啊啊
結束旅行回到德意志之後，
父親罹患了黃疸，
又出現記憶障礙，
最後被發現死在
宅邸倉庫後的地洞裡。

據推測應是自殺……
擺脫了父親的拘束……
追求最尖端的流行
母親——約翰娜便不再顧忌，
展開她自由奔放的生活……
把我丟在一旁，
自顧自地與藝文界交流
喀隆喀隆

上了天堂之後，
會有安穩日子可過嗎……

我所在的這個世界根本是地獄啊！

那個逼我成為商人……
又對我嚴格教育的父親，我由衷地尊敬他
但現在沒有人逼我，我可以走向我喜歡的哲學
但我卻無法輕易地跟父親劃清界線……

父親應該也是愛我的，
他希望我成為商人……
父親死後，生活環境驟變，
不安的心靈令我飽受折磨……
如果我對父親憎恨或唾棄，
或許就能輕易改變志向
但是……
對……沒錯，
我深愛著父親！

咻
面對現實，你好像很痛苦啊！
康德……
咻
咻
不要煩惱，站遠一點後再看看現實！

爸爸……
死亡總是突如其來，讓人無法預料……
這是一條單行道！
你留在這裡……
我要先走了！
現實或許殘酷，你必須找人幫忙。

要誠實，
但不要輕易對別人
說出自己的本心。
連肢體動作都要留意，
切記不能讓人看出本意，
要謹慎注意……
不必掏盡所知，
但訴說時……
務必融會貫通！

喀隆
喀隆
喀隆
母親就要來接你了。
不要羨慕那些大人物。
仔細觀察眼前之事。
用你的眼睛，
用上帝的訓示，感受肉眼看不見的事物。

我發現……
這天──
站在山丘上我感覺到一絲爽快。
因為，這裡稍微遠離了
人類的世界……

把嚴酷痛苦的現實
都踩在腳下……

喂!!
你是要畏畏縮縮到什麼時候!!
你這個沒用的孩子!!
拉
跟我搬到威瑪去!
快給我站起來!!
明天我帶你去見歌德!!

約翰娜，這位是妳今天的男伴嗎？
妳也喜歡小鮮肉？下次再幫妳介紹啦……
唉哈哈哈哈哈哈哈！
別這樣啦！
哎唷！我兒子在看了啦，呵呵呵呵……
怒
歌德先生，這是我兒子。
啊——這就是那位……
撲通撲通
你好啊，阿圖爾！
約翰・沃夫岡・馮・歌德
德意志大文豪・學者

!!
你要好好用功喔……
啊！我……我有話……
哈哈哈哈哈……被當成小孩也是無可奈何……
不過，我絕對會讓您刮目相看！我一定會變強！
1809年進入哥廷根大學研究柏拉圖與康德
1811年再到柏林大學鑽研哲學先驅費希特
我的精神（靈魂）逐漸強大……
在躲避戰火之中，完成了博士論文《作為意志與表象的世界》

我帶著原稿來到6年前
不把我當一回事的歌德面前，
獻上我的論文
老爺——
阿圖爾．叔本華來了！
請他進來！
這是我的靈魂……
請指教！

哦……是阿圖爾！
各位——他就是那篇博士論文的執筆者！
我們給這位年輕的哲學家好好掌聲鼓勵一番吧！
掌聲
掌聲
掌聲
掌聲

我們之間就這樣
確立了師徒關係
「色彩」的基礎理論是
針對牛頓的「光學」所
做的反論，
阿圖爾……
你來說說看！
但我們兩人的色彩論
卻是南轅北轍、完全背道而馳。
我們的關係開始出現鴻溝……
歌德對我的意見
不再有任何反應
……
我只是想要向
歌德提出更好
的論證……

如果你想證明自己的存在價值……
就要對世界做出貢獻！
我希望得到歌德的讚美
對失去父親的我來說，歌德就像是父親一樣……
這不過是單方面的求愛……
但我希望得到歌德的肯定，
就像父親一樣地稱讚我
「你已經是個獨當一面的人物了」！

搖搖
搖搖
晃晃
搖搖
晃晃
颯
晃晃
至高無上的父親啊，
我能有今天……
全都是拜您所賜！

在我幼年時代，以及懵懂無知的青年時代，是您一直守護著我！
不……直到現在，對……直到今天，您還是支持著我！
因為您，我才誕生到這個世上！
因為您的守護，我才能成長至今……站在這裡！

我沒有能力成為農民，
連當個諂媚高官的小僕役，或是靠逢迎權貴謀利的差事……
都無法勝任的我——
您老早就看得清清楚楚了！

我要將這部著作獻給高貴且崇尚共和主義的您！
因為有您，我才能完成這本書，您也是這本書的作者！
若有人看出這部著作的價值，
也一定能從這裡讀到您的心聲……
他應該知道，如果不是黑格爾、費希特、謝林……
就是阿圖爾·叔本華！

舔
舔
舔
舔
舔
舔
哈……做了個奇怪的夢啊！
知道了知道了……傍晚散步的時間到了對吧，今天我們到山裡走走吧。
颯
今天請早點回來……
上次說的那位女雕刻家，今天就要來了！

嗯……這樣啊，知道了！

颯
颯
嗯？難得會在這裡看到有人啊……

好久不見了!!
老師!!
妳是誰啊……?

人的前半生，任誰都能像一件刺繡的正面，以光鮮亮麗的外貌示人；但是到了後半生，刺繡的背面也會逐漸顯露出來，而那一條條繡線的脈絡，有時候比正面更管用——世事無常，一切終將時來運轉……

【第三章】年齡的差異

我是伊莉莎白・納伊！
9年前您曾在這裡救了我一命呢！
妳說什麼……？

妳是那個胃口好得……
不得了的姑娘!?
妳不說我還真認不出來了呢！
鞠躬
簡直是判若兩人啊……
託您的福，我才堅強地活了下來……更實現了夢想，成為雕刻家。
所以我這次來法蘭克福，就是為了報恩！

莫非妳就是——那位說要為我塑像的女雕刻家……？
對，正是我！從今天起大概兩個月的時間，
請容我打擾了！
威爾多蓋斯特也長大了呢！
汪
汪
牠還記得妳嗎？
不記得了吧……
汪
哇～～～等一下啦！
好癢！
舔
舔
哦，你還記得我對吧?!
……

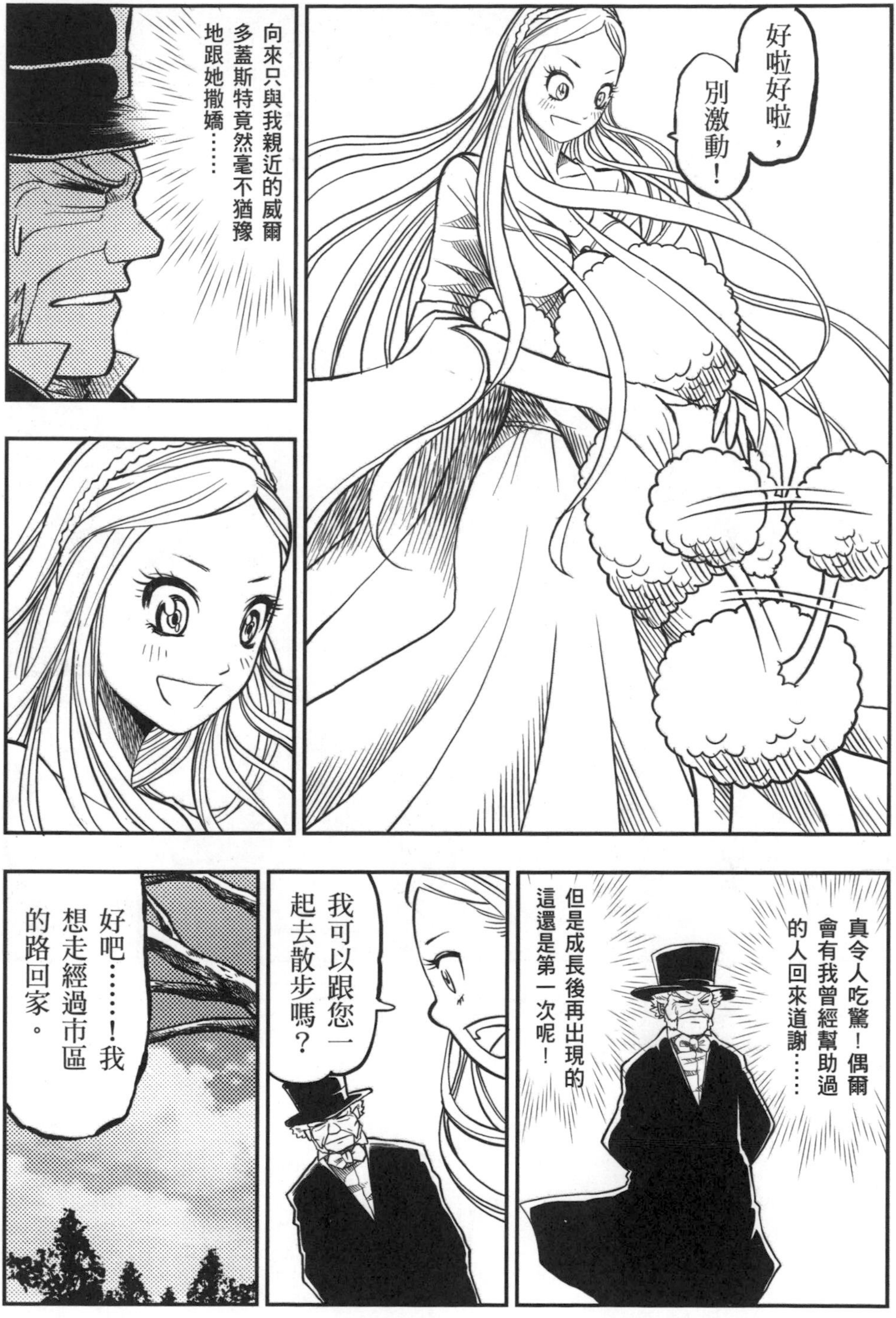
好啦好啦，別激動！
向來只與我親近的威爾多蓋斯特竟然毫不猶豫地跟她撒嬌……
真令人吃驚！偶爾會有我曾經幫助過的人回來道謝……
但是成長後再出現的這還是第一次呢！
我可以跟您一起去散步嗎？
好吧……！我想走經過市區的路回家。

嘩
嘩
嘩
是叔本華先生耶！
嘩
嘩
今天也是精神抖擻的樣子，咦！他身旁的美女是……
嘩
好漂亮的姑娘啊！
該不會是他的愛人吧？……
嘩
是姪女之類的吧？
嘩
好美啊……
哈哈哈哈！真是心曠神怡啊！

老爺——
您回來啦！
哦？
伊莉莎白小姐
也一起回來了呀！
好久不見了，
瑪格莉特！
老師您與9年前
判若兩人，完全
變成名人了呢!!
……
滿街的人都在注意您
的一舉手一投足！
這可是至高無上
的榮幸啊！
呵！

妳後來回到家裡了嗎？
是的！
我回到家，向爸爸表達自己想要成為雕刻家的心願，但他並不諒解……
我變賣了祖母留給我的寶石當作資金，毅然離家獨自到法國學習，終於在兩年前自立門戶。
父母看到我現在的成就，才終於安心接納……
也請老師放心！
妳很有膽識！

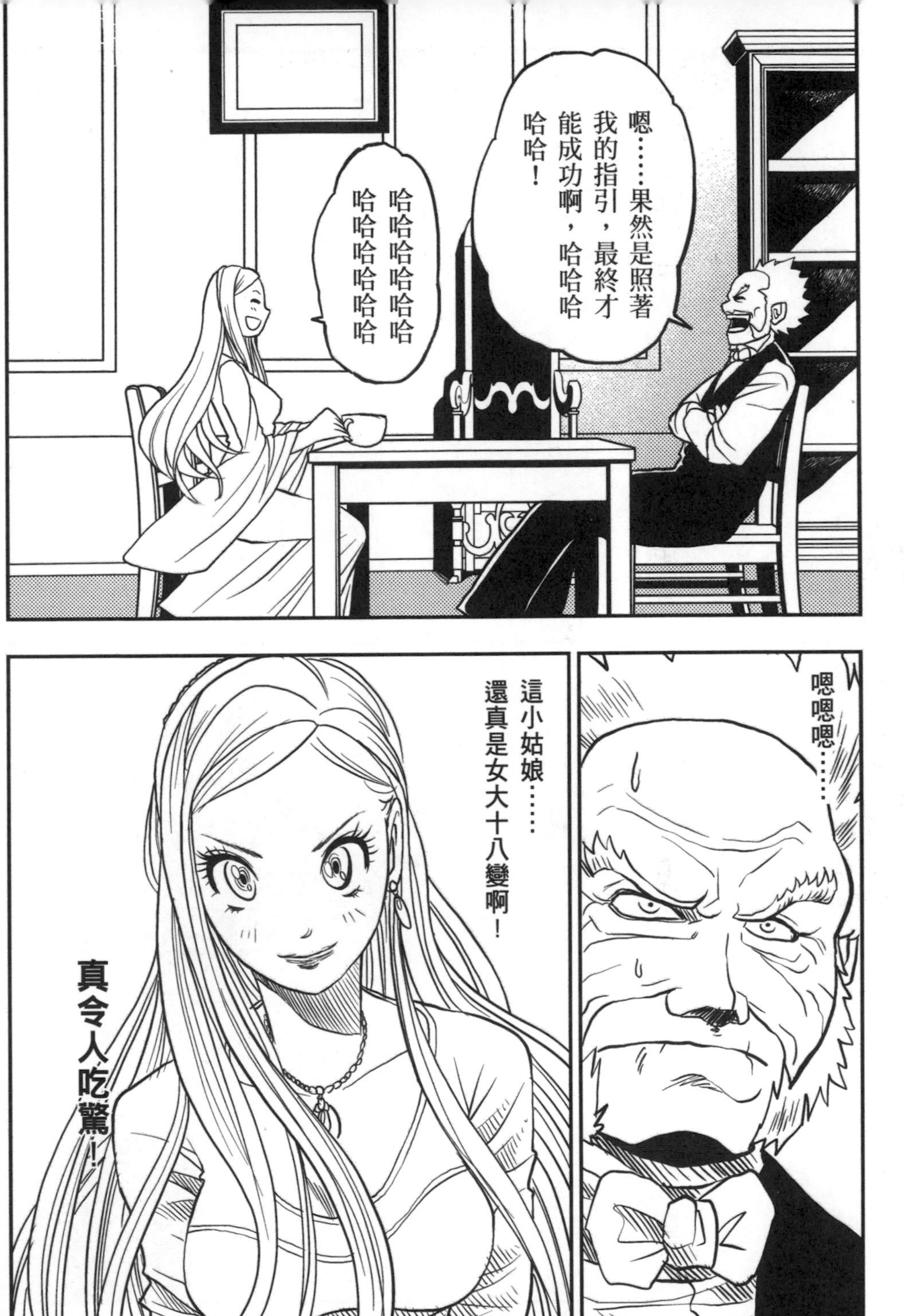
嗯……果然是照著我的指引，最終才能成功啊，哈哈哈哈哈！
哈哈哈哈哈哈哈哈哈哈哈哈
嗯嗯嗯……
這小姑娘……還真是女大十八變啊！
真令人吃驚！

後來……我把您的著作全部讀得滾瓜爛熟……
其中的《幸福論》令我大徹大悟，我還將它推薦給法國的朋友。
更因此不再與人為敵，埋頭專心學習雕刻！

哦，這真是個好例子！
我們喝杯咖啡再慢慢聊吧！
是！太好了！
滔滔不絕
叨叨
絮絮
……
嘰哩
呱啦
咦……老師睡著了……
ZZZ
ZZZ
呃，我好像太興奮，自顧自地講得不亦樂乎……
隔天早上——

……呃、嗯，天亮了呀！
脖子好痛……年紀大了，已經沒辦法跟人促膝長談了呀……
好痛啊
！
哈
喝

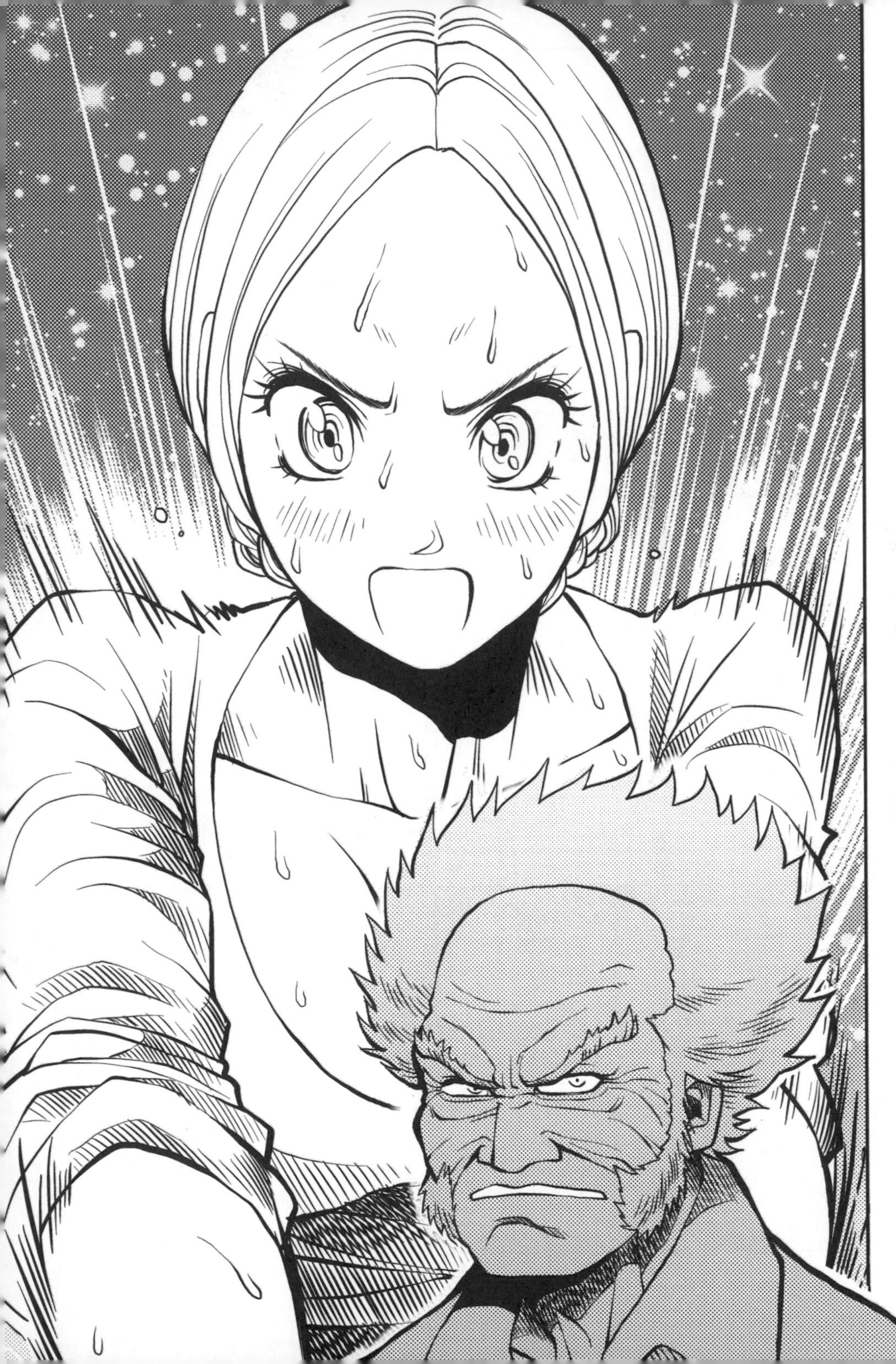

轉身
來——威爾
多蓋斯特！
跳
跳
噗通
嘩啦
咕嚕咕嚕

女人怎麼能
完全變成另
一個樣子？
心跳
心跳
簡直就像從地獄
的亡靈變成天使
一般……
咕嚕咕嚕
難道說女人的身上，
還有我不懂的人間境地嗎？
心跳加速

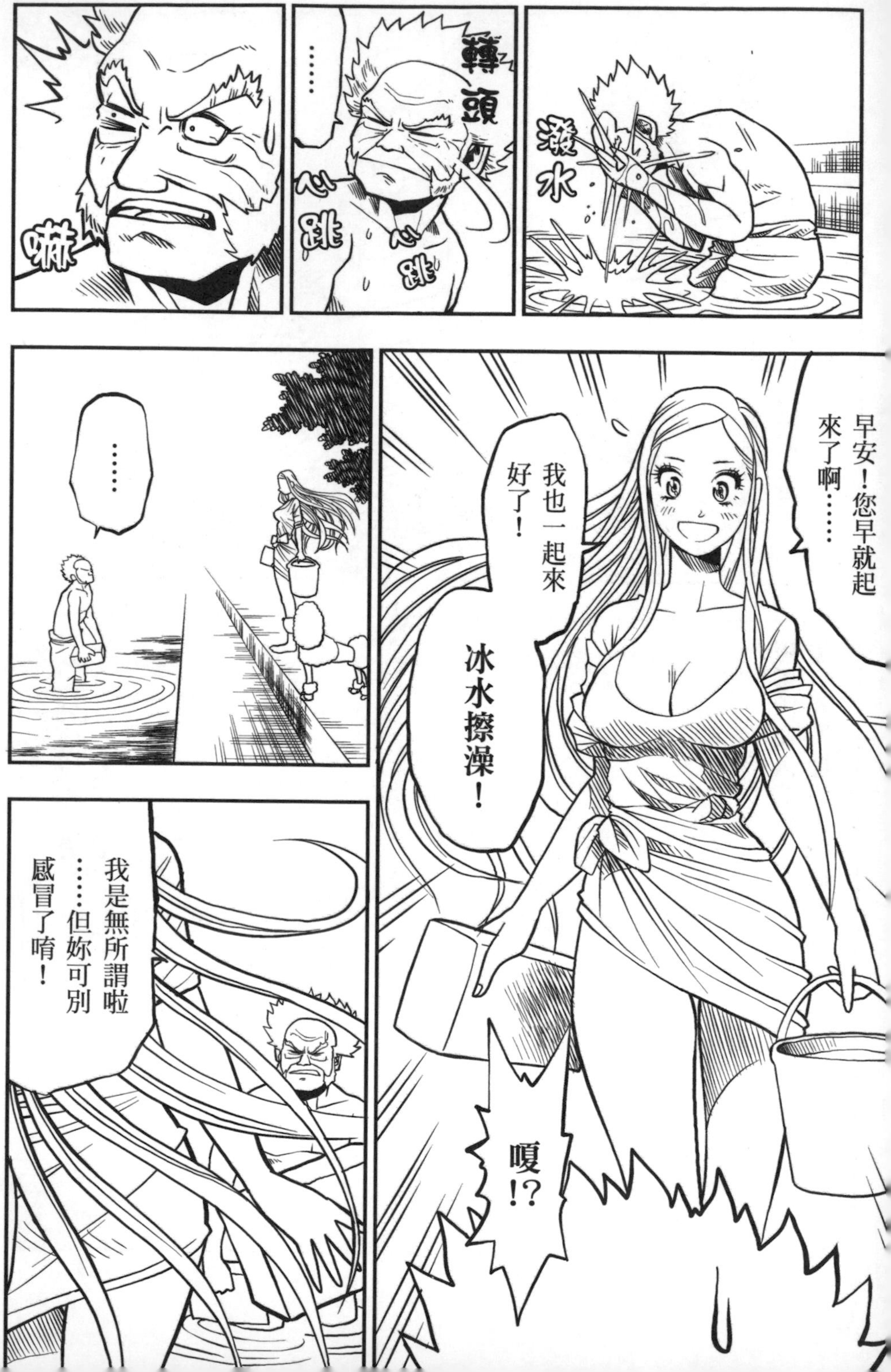
潑水
轉頭
……
心跳心跳
嘁
早安！您早就起來了啊……
我也一起來好了！
冰水擦澡！
……
嗄！？
我是無所謂啦……但妳可別感冒了唷！

斟入
緩緩
咕嚕 咕嚕
這姑娘……
看來是打算整天黏著我！
既然如此，趁著妳在這裡，我就把我的哲學全部傳授給妳！
颯
今天到市區散步，我們走吧！

您還是老樣子，健步如飛呢！
您的生活規律，為健康擇善固執，還時時眼觀四面、耳聽八方……
臉色也完全看不出已有71歲高齡了呢！
我在巴黎當學徒時，有一個人年紀輕輕就才華洋溢，後來卻因為生病而被迫放棄夢想……
他曾經是那麼意氣風發，病魔卻讓他變得脆弱頹喪……
我這才體會到——疾病會奪走人的一切，真的很可怕！

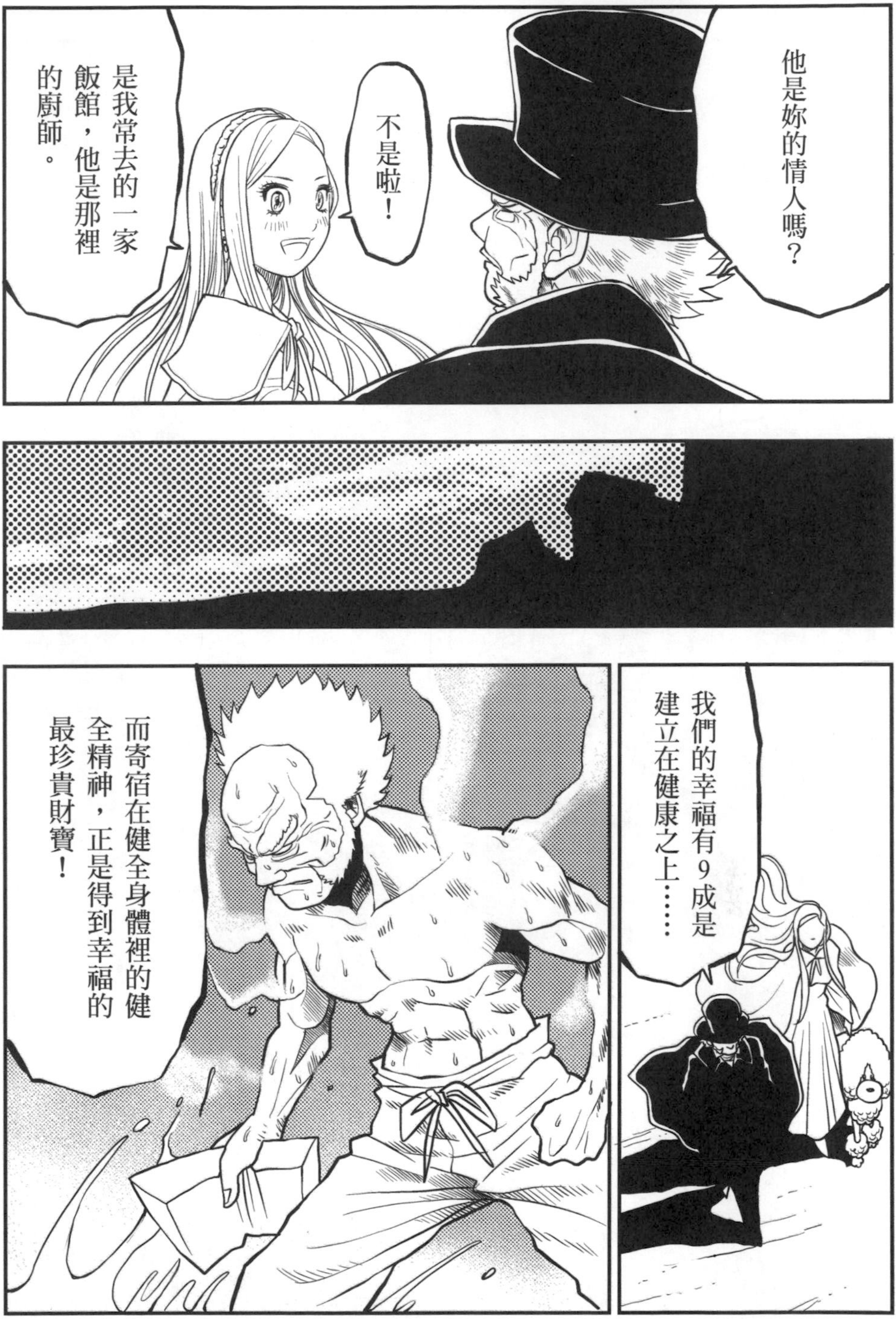
他是妳的情人嗎？
不是啦！
是我常去的一家飯館，他是那裡的廚師。
我們的幸福有9成是建立在健康之上……
而寄宿在健全身體裡的健全精神，正是得到幸福的最珍貴財寶！

肌肉得到劇烈的運用就會變得強壯！
心跳
心跳
所以要適度地鍛鍊，使肌肉自主緊縮……相反的，過度運用神經就會使其耗弱……
冷靜！冷靜！
平常心
因此要當心不要讓神經處於過度壓力和緊張的狀態。
吸—
吐
壓力
壓力
壓力
這就是祕訣！

妳看，要這樣精神抖擻地走！
喘
喘
要是被她嫌老……我的哲學可就沒說服力了，得好好展現我這把寶刀未老才行！
是！我會緊緊跟隨您!!
妳這個笨蛋，不要超前啊！
喘
喘
走在我身邊啦！
嘎
哎呀!!
跌

接住
小心！
!!
呃……哎呀呀呀！

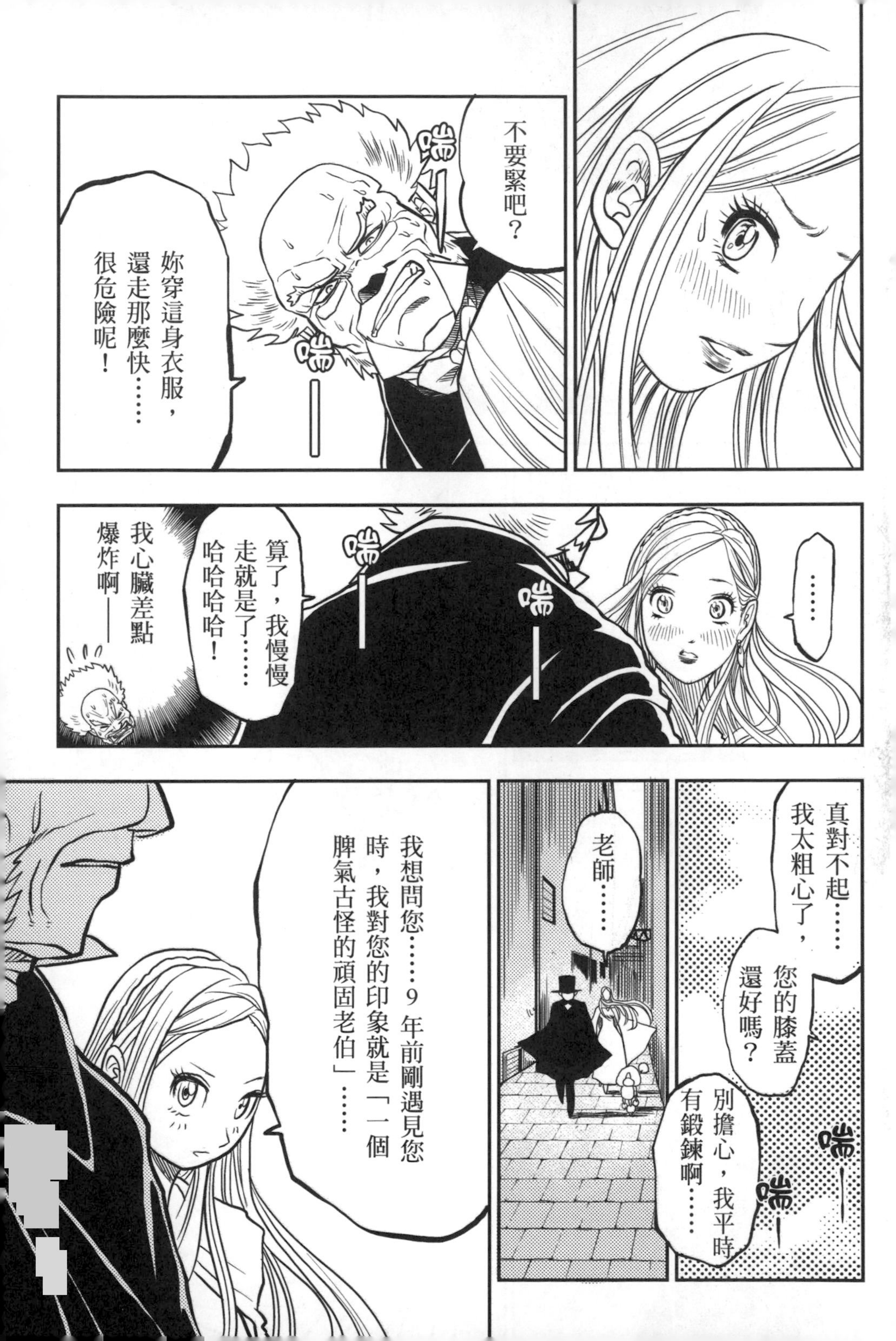

不要緊吧？
喘
喘
妳穿這身衣服，還走那麼快……很危險呢！
……
喘
喘
算了，我慢慢走就是了……哈哈哈哈！
我心臟差點爆炸啊——
真對不起……我太粗心了，
您的膝蓋還好嗎？
喘—
喘—
別擔心，我平時有鍛鍊啊……
老師……
我想問您……9年前剛遇見您時，我對您的印象就是「一個脾氣古怪的頑固老伯」……

您外在的模樣還是老樣子！
嗄！
驚
我反覆讀著《作為意志與表象的世界》，感覺您在發表這篇論文的青年時期似乎比現在意氣風發……
伊莉莎白的想像
後來發現那是因為您沉穩又內斂的印象還留在我心裡……
對我說話時的用字遣詞，
也特別溫柔和藹……
但現在從您口中說出的話，全都是在挖苦著人世間，總覺得很尖酸刻薄……
您為什麼變成這樣，可以告訴我嗎？

呵呵呵，是嗎？
那我就脫去謙虛，把我的心裡話告訴你吧！我認為所謂「謙虛」，原本就只是披著貓皮假裝卑躬屈膝而已……
這個世界充滿著卑劣的忌妒，
所以我們要假裝謙虛，懇求那些平庸之輩用寬大的眼光，來看待我們的才能和功績……
謙虛對沒有才能和功績的人來說，只是單純的誠實而已！

完成《作為意志與表象的世界》是我還年輕的時候，
現在變成這樣有點粗魯又頑固的老頭，其實是有不得已的苦衷……
擔任講師的柏林時代
柏林——
有著大都市的「高度精神文化」。
沒有人比研究哲學的人更關心「真理」……
只要提倡真理，到處都受人歡迎！

我可以在這裡暢談哲學……
一定可以遇見成熟又有修養的人！
年輕的叔本華單純又真心地如此相信……
然而他自己卻闖進了表裡不一的上流社會，那是個什麼樣的世界？
為了探究這個世界背後的真相，
即使心裡厭惡也必須去面對……

為此——
我痛苦萬分！
大學的營運只是以增加他們自己的利益為目的……
那些人嘴上說要探究真理，
卻不是「為了哲學」……
而是「為了出人頭地」才研究哲學！
學者們早已失去思考的能力，最後只落得變成膚淺唯物論的犧牲品。
老師……
今天的授課內容也是精彩萬分啊！
老師！
交頭接耳

「駑鈍的投機份子被
推崇為偉大的哲學家」
這樣的現況……
嗶
嗶
哩
到底能生出
什麼來!?
嗶哩
嗶哩
蹦!

而我欲挑戰的對手才是真理……

嘰
嘰
成為賢者唯一的條件，就是生在充滿愚者的世界裡！
我一直這麼告訴自己，一直忍耐著……
因為我也是人世間的一個愚者，
每個人都是骨子裡有著相同痛苦和煩惱的愚者！

一切憤恨彷彿從我身上的所有毛孔噴發……
我並不是天生就會忍耐！

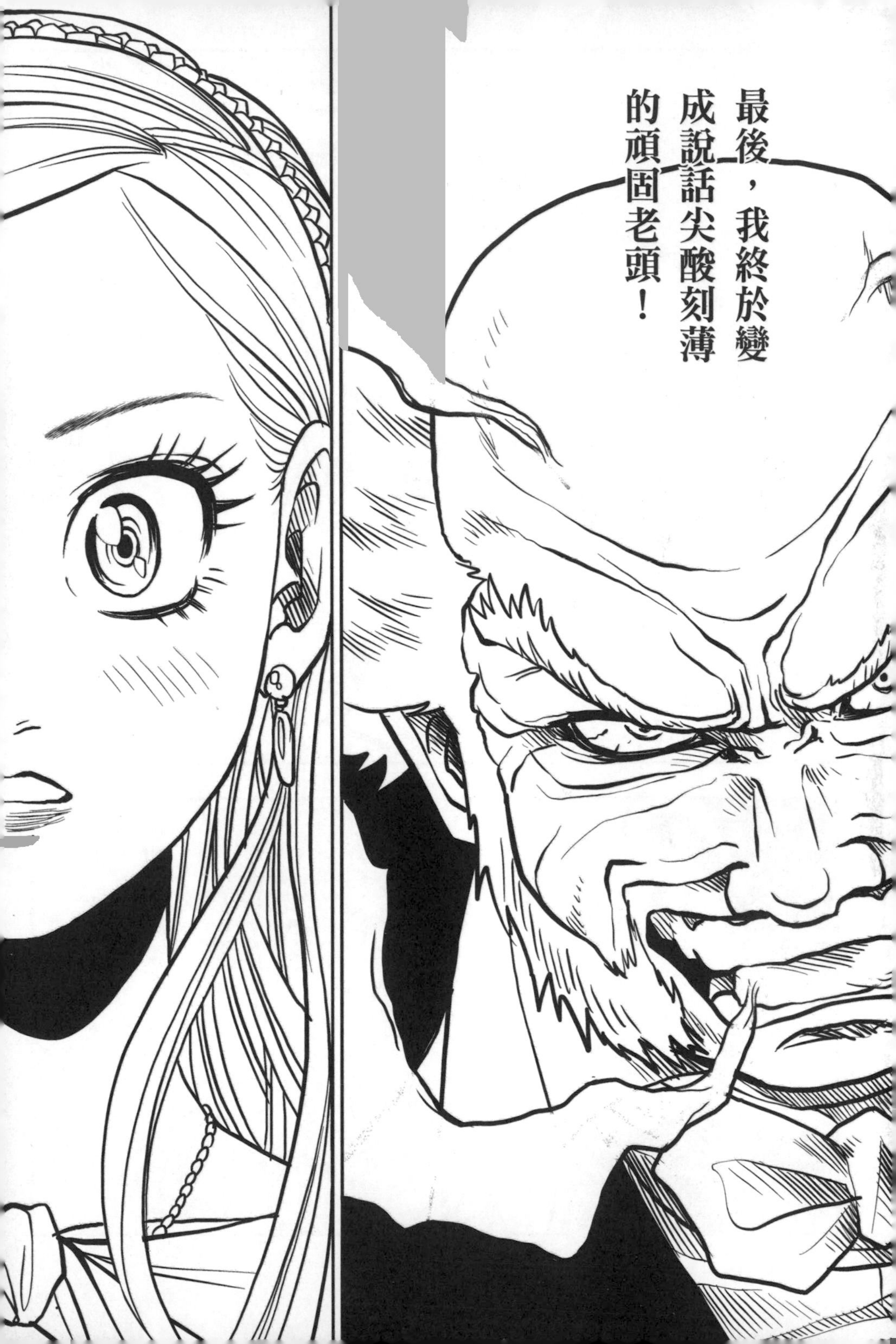
最後，我終於變成說話尖酸刻薄的頑固老頭！

謝謝您……告訴我這麼多！
以前，我覺得您好孤高、好遙不可及，現在卻變得好親切……
知道您與我有相似之處，讓我感覺充滿勇氣！
哦？

呵……是嗎？或許我們有點像……
找到與自己相似的夥伴是值得高興的事……
跟人說話時能馬上知道對方的想法或心情是否與自己相近……
志同道合的人立刻就能打成一片，反之則會格格不入。
平凡的人在一起，馬上就能成為夥伴。
優秀的人就沒辦法。
所以當優秀的人發現有人與自己相似，真的會很高興……

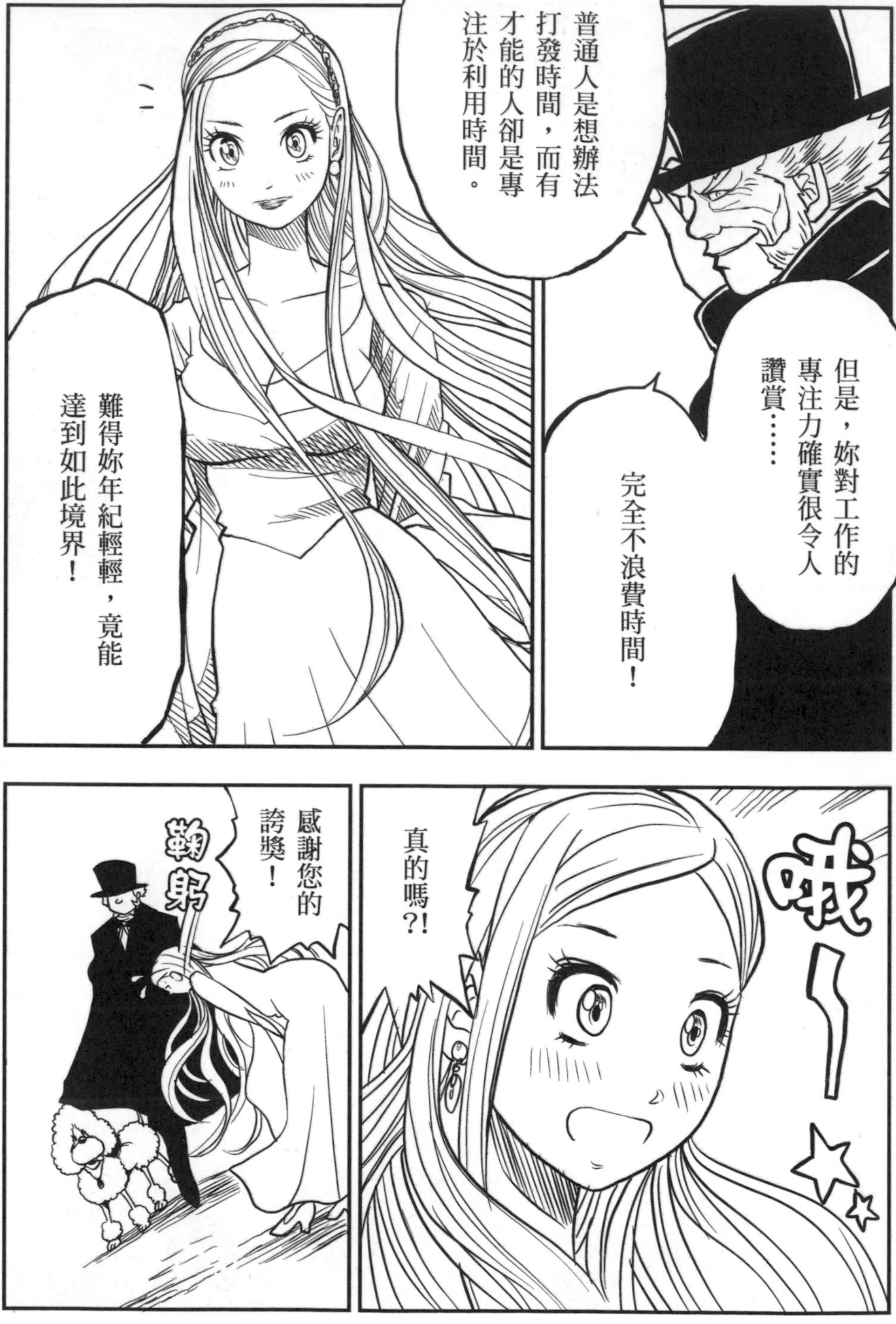
普通人是想辦法打發時間，而有才能的人卻是專注於利用時間。
但是，妳對工作的專注力確實很令人讚賞……
完全不浪費時間！
難得妳年紀輕輕，竟能達到如此境界！
哦～～
真的嗎?!
感謝您的誇獎！
鞠躬

因為我有一個偉大的願望……
希望在您有生之年，我能為您塑造一尊雄偉的雕像！
所以我得趁著您還沒死……趕緊前來！
我還死不了!!

妳今天就別工作了!!
坐下來聽我說……
是——遵命!
吸
吸
好香啊……

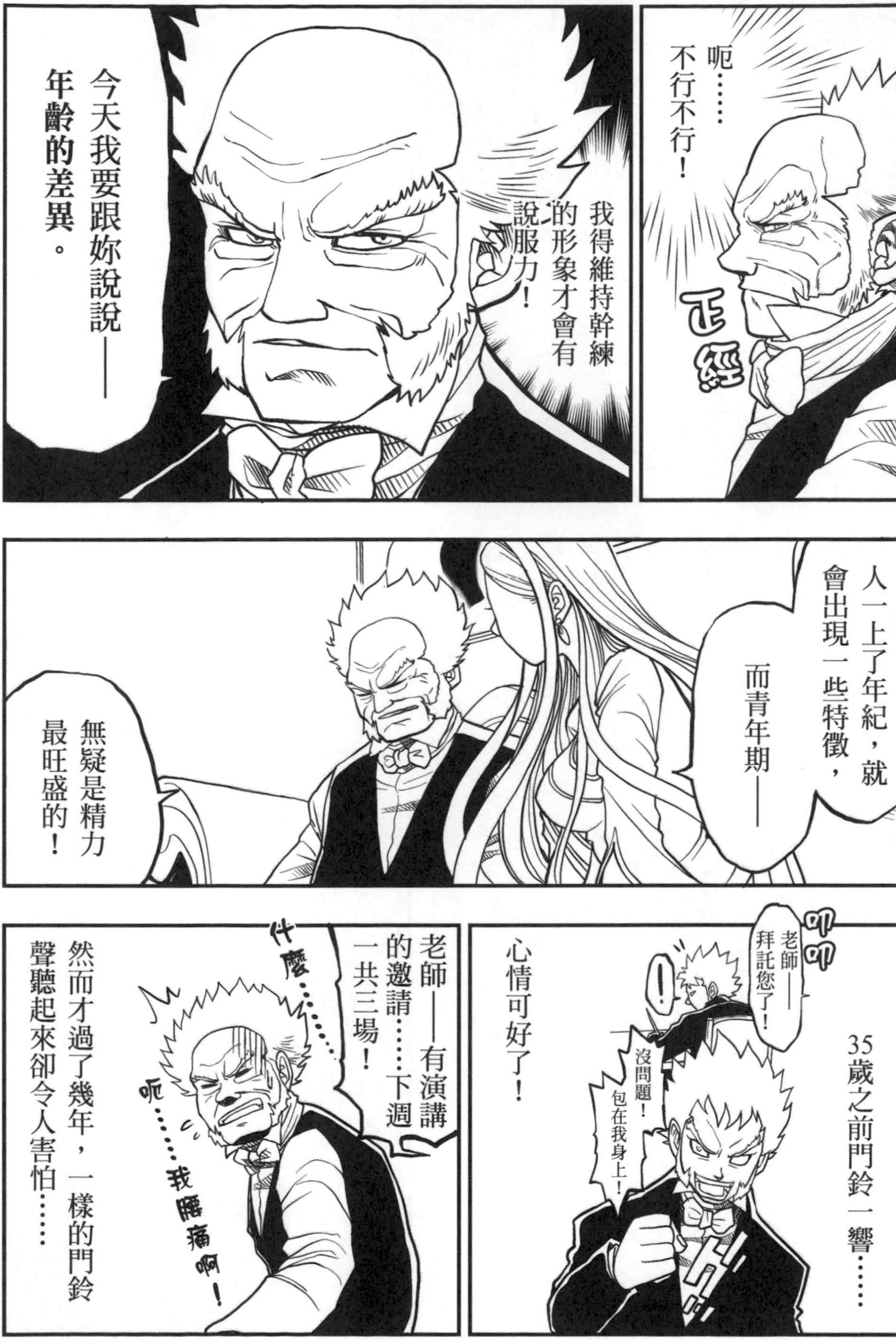
呃……
不行不行！
正經
我得維持幹練的形象才會有說服力！
今天我要跟妳說說——年齡的差異。
人一上了年紀，就會出現一些特徵，
而青年期——
無疑是精力最旺盛的！
35歲之前門鈴一響……
叩叩
老師——拜託您了！
！
沒問題！包在我身上！
心情可好了！
老師——有演講的邀請……下週一共三場！
什麼……
呃……我腰痛啊！
然而才過了幾年，一樣的門鈴聲聽起來卻令人害怕……

人的前半生，任誰都能像刺繡的正面，以光鮮亮麗的外貌示人。

但是到了後半生，背面卻也逐漸顯露出來……
刺繡的背面當然是不好看，但卻看得到繡線的脈絡比正面更有用。

嗯？
挪……
挪……
盯
請接著說……
認真聽講是很好……
但別靠那麼近！
嗯～
青年時期我總以為人生無限、來日方長……
羞愧
等年紀大了，這才感到時光一眨眼就過了！

就像用望遠鏡看東西一樣，起初對著物鏡遠觀著世界……
最後像是對著顯微鏡的目鏡，清晰而透徹！
所以年長的老人才能寫出年輕人無法感受或想像出來的作品……
人在年輕時會利用獲得的素材創作，
但若真要運用得爐火純青，還是要等上了年紀以後。
優秀作家發表的好作品，大多是在50歲左右……
年輕人透過這些作品可以學到——
「生命」中包含了哪些要素！

過去我們所稱的老人，是帶著尊敬老師、長老的心情，
但最近已變成意指老廢物、失能者之類的負面印象……
給我零用錢
快去死一死啦！
然而，把老人當作麻煩的社會，怎麼可能好得起來呢?!
我要讚揚年長者！
年輕時期以為自己已經明白的事，等到上了年紀後才會真正了解……
為求人格成長，年輕人應該要向老人學習內斂的言詞和智慧。

聽您這麼一說，我也曾經把奶奶和弟弟們……當成麻煩看待……
……
伊莉莎白……伊莉莎白啊！
妳能不能幫奶奶找一下拐杖啊？
嘩
嘩
呀啊
拐杖不是就在妳自己的椅子上嗎!!
我受不了啦……!!
為什麼只有我必須每天照顧老人和像猴子一樣的弟弟們啦？
我也有自己想做的事，也想去上學……每天聽奶奶講那些往事，我真的受夠了啦……
……
奶奶很感謝妳啊……伊莉莎白！
我知道妳總是耐著性子聽我說，我以為這些人生經驗妳總有一天會用得上啊……

調皮的弟弟們，將來也一定會記得要報答曾經照顧他們的姊姊……
哇啊！
呀啊
閃亮。
……這是什麼？
是我的寶貝，趁著現在還沒有完全癡呆，我把它交給妳，必要的時候就拿去用吧！
千萬別讓妳爸爸知道，他雖然是牧師，卻糊塗的很啊。
奶奶——
我只能依靠妳了啊……
淚滴
淚滴

對不起……
奶奶!!
當時說了那麼過分的話，因為奶奶的幫忙，我才能成為雕刻家……我太不應該了！嗚……
嗚……
嗚……
……
無論際遇如何，不因喜悅而得意忘形，也不因悲傷而頹廢喪志。
世事無常，一切終將時來運轉。

與伊莉莎白一起生活2個月之後
原來如此！
是您心目中的絕世佳人……
又是巴黎年輕藝術家中最受矚目的女性雕刻家！
她整天在我的身邊工作。
每當散步回來，我們在沙發上並肩而坐喝著咖啡……
我感覺彷彿是結婚了一樣呢，呵呵呵！

這真是令人羨慕啊！
難得聽到您說「結婚」兩個字，看來您非常喜歡她呢！
關於女性，我都還沒有最終的結論……
女性若要能夠出人頭地的話，
一定要比男性要優秀得多。
哈——老師您真的已經拜倒在石榴裙下了唷，哈哈哈哈哈哈！
我每天晚上都幻想若能再年輕個10歲……好揪心啊！
哇哈哈哈哈哈

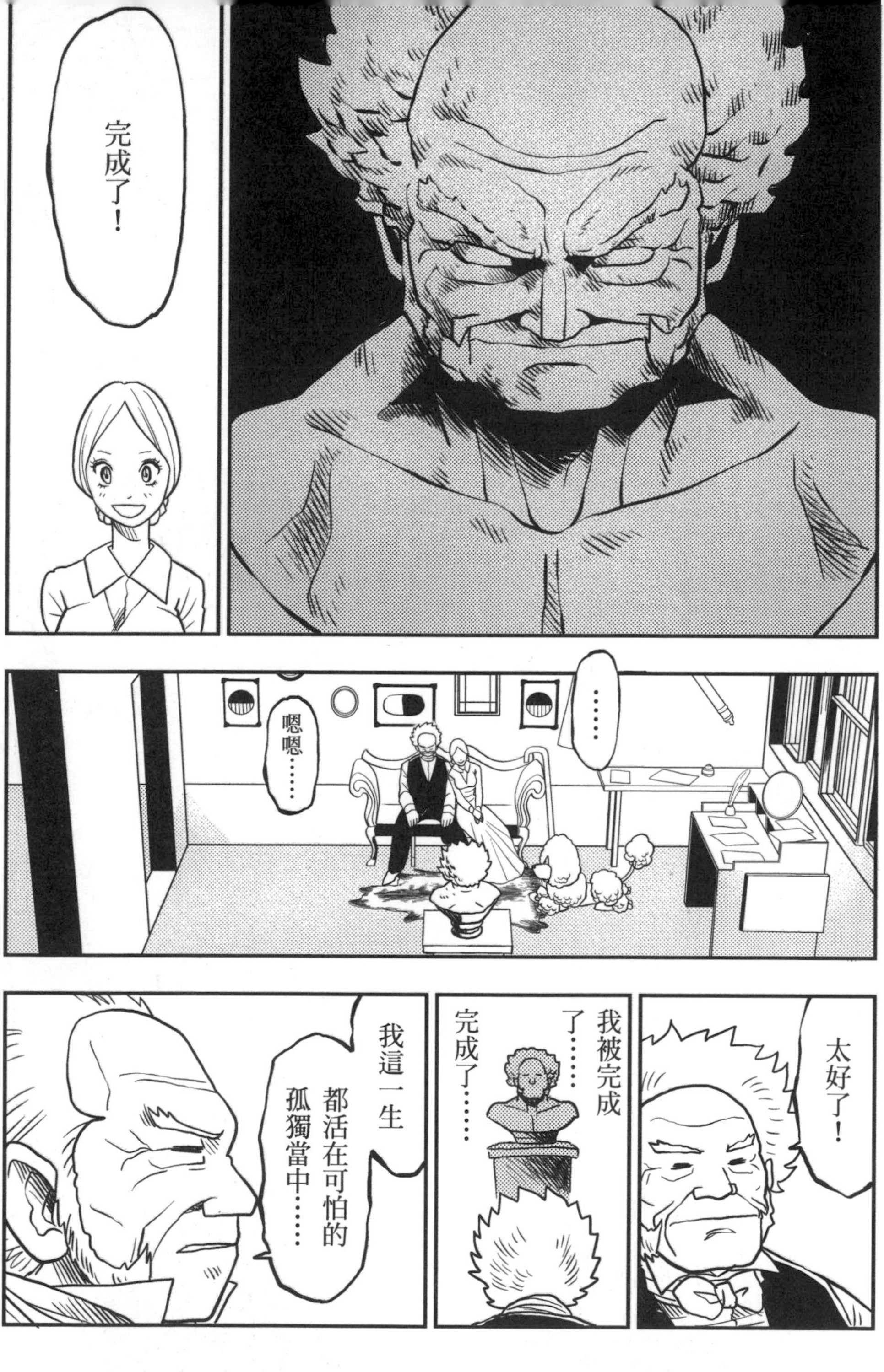
完成了！
……
嗯嗯……
太好了！
我被完成了……
完成了……
我這一生都活在可怕的孤獨當中……

我常常感嘆——
多期盼自己能有一個朋友，但這個願望始終不能實現……

我依然是獨自一人！
但說真的，這並不是我的錯……只要是堂堂正正的人，我絕不會避開他們！
然而我見到的卻盡是無用又愚蠢，懦弱又下流的傢伙……

直到最後遇見了妳，這真是我的榮幸！
妳是我認定的天才，今後也請永遠當我的朋友吧！

我也很榮幸，老師!!

咚
人生就是戰爭，我們要有勇氣和氣魄！
人類總是被四面八方而來的各種危險所威脅著……
必須隨時警戒，避免危險……

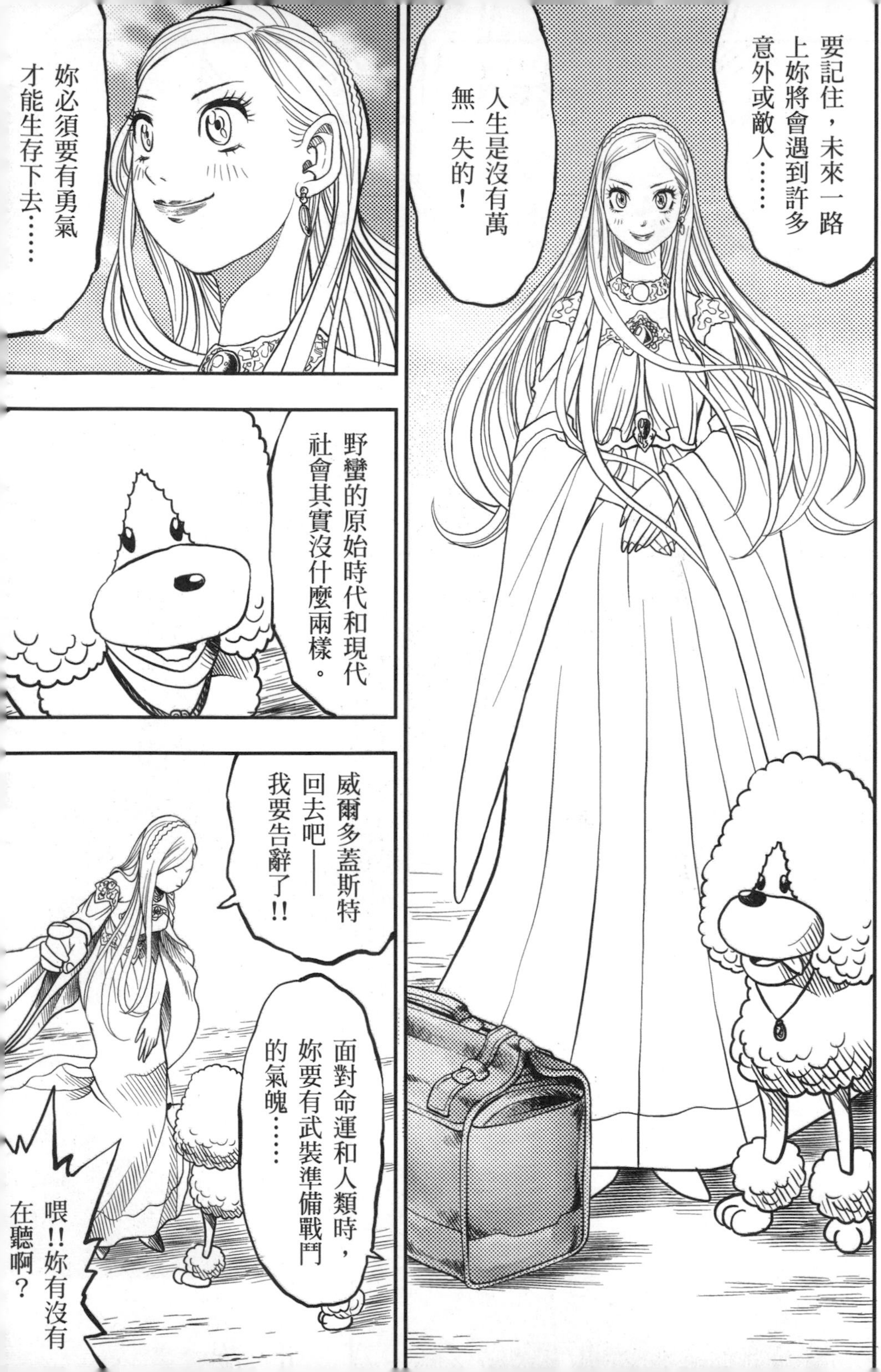
要記住，未來一路上妳將會遇到許多意外或敵人……
人生是沒有萬無一失的！
妳必須要有勇氣才能生存下去……
野蠻的原始時代和現代社會其實沒什麼兩樣。
威爾多蓋斯特回去吧——我要告辭了!!
面對命運和人類時，妳要有武裝準備戰鬥的氣魄……
喂!!妳有沒有在聽啊？

人生就是一場戰爭！
每走一步都會遭受攻擊……
所以我們需要……
鋼鐵般的氣魄！
隨時拿出命運的王牌——
來一決勝負！

妳一定要銘記在心！
是!!
我一定不辱師名，帶著氣魄追求更高的境界！

我還會再來拜訪的，請保重身體！
暫別了……祝您一切安好！

……!
咦!?
嗚……
嗚嗚~~~
老師!?
老師，您別難過了！
我不是還在您身邊嗎?!
……
即使我的肉體不久後或許將被病痛侵襲，但應該也不會太痛苦……
但想到我的精神，可能被那些哲學教授整得七零八落，就讓我覺得不寒而慄……

發呆——!
不對不對!!
喝!
您不是還在為《附錄與補遺》編寫追加的論文嗎？
請拿出氣魄來啊!!
……
眼睛一亮
嗄?
!!
對啊——現在死去就太遜了呀！
我還有重要的事情要做呢……

1個月後，老師便去世了……
達到萬物皆空的境界……
是我——唯一的救贖吧！
死亡雖然令人遺憾，但我只是不去多想……
至少我還保有純潔的良知。
這就是老師對葛維納說的最後一句話……

對自己很滿意……
這真是最幸福的死法呀！
太有道理了！
最推崇叔本華的哲學
家尼采也說過……
「沒有比貫徹孤獨
更令人恐懼的了，
而忍受這種恐懼最偉大的
哲學家就是叔本華！」
但是，聽了伊麗莎白
所說的，叔本華正是
因為命運坎坷……
才走向孤獨的呀！

老師所提倡的幸福，最理想的狀態是——
自給自足的經濟
隨時讓自己心中充滿喜悅！
同時要終其一生解讀自己的人生。
颯
颯

嘎！
唷……
想要得到幸福——
只要細數自己心中的幸福，幸福即隨手可得！

漫畫 叔本華的幸福論

一堂慾望與痛苦的思辨課，孤獨是成就幸福的必備本事！

幸福について（まんが学術文庫）

原　　著　叔本華（Arthur Schopenhauer）
作　　者　Team バンミカス、伊佐義勇
譯　　者　蔡昭儀
主　　編　郭峰吾

總 編 輯　陳旭華（ymal@ms14.hinet.net）
副總編輯　李映慧

社　　長　郭重興
發行人兼出版總監　曾大福
出　　版　大牌出版／遠足文化事業股份有限公司
發　　行　遠足文化事業股份有限公司
地　　址　23141 新北市新店區民權路 108-2 號 9 樓
電　　話　+886- 2- 2218 1417
傳　　真　+886- 2- 8667 1851

印務經理　黃禮賢
封面設計　萬勝安
排　　版　藍天圖物宣字社
印　　製　成陽印刷股份有限公司
法律顧問　華洋法律事務所 蘇文生律師

定　　價　300 元
初　　版　2019 年 10 月

First published in Japan in 2018 by Kodansha Ltd., Tokyo.
Publication rights for this Complex Chinses edition arranged through Kodansha Ltd., Tokyo.